ALEXANDRE MILLERAND

LE RETOUR
DE
L'ALSACE-LORRAINE
A LA FRANCE

AVEC UNE INTRODUCTION
PAR EUGÈNE PETIT
Ancien Directeur du Cabinet du Commissaire Général
à Strasbourg

PARIS
BIBLIOTHÈQUE-CHARPENTIER
EUGÈNE FASQUELLE, ÉDITEUR
11, RUE DE GRENELLE, 11
—
1923

LE RETOUR

DE L'ALSACE-LORRAINE

A LA FRANCE

EUGÈNE FASQUELLE, Éditeur, 11, rue de Grenelle, Paris (VIIᵉ)

OUVRAGES DU MÊME AUTEUR

PUBLIÉS DANS LA BIBLIOTHÈQUE-CHARPENTIER

Travail et Travailleurs . . . . 1 vol.

Politique de réalisations . . . . 1 vol.

Pour la défense nationale. Une année au mi-
nistère de la Guerre. . . . . 1 vol.

Choix de plaidoyers, avec une préface et des
notes de Mᵉ Charles-Caen . . . . 1 vol.

ALEXANDRE MILLERAND

LE RETOUR
DE
L'ALSACE-LORRAINE
A LA FRANCE

AVEC UNE INTRODUCTION

PAR EUGÈNE PETIT

Ancien Directeur du Cabinet du Commissaire général, à Strasbourg

PARIS

BIBLIOTHÈQUE-CHARPENTIER

EUGÈNE FASQUELLE, ÉDITEUR

11, RUE DE GRENELLE, 11

1923

INTRODUCTION

Par décret du 21 mars 1919, un « Commissaire général de la République à Strasbourg » était créé.

Un second décret, du même jour, chargeait de cette fonction, à titre de mission temporaire, M. Alexandre Millerand.

La tâche qu'il assumait ainsi, — « tâche noble et difficile », dira-t-il, — donc deux fois digne qu'il l'entreprît, comment, dès l'abord, la concevait-il? Dans quel esprit, par quelle méthode entendait-il l'accomplir?

« Je suis venu ici, — déclarait-il à son arrivée à Strasbourg, — pour prendre en main les intérêts de l'Alsace et de la Lorraine. Je leur donnerai toutes mes forces. Il faut que les provinces recouvrées aient toutes raisons de continuer à se féliciter sans réserve de leur retour à la France.

« L'Alsace et la Lorraine, en rentrant dans le

giron de la mère patrie, ont compris ce que la France a dépensé de ses ressources et du meilleur de son sang pour arriver au merveilleux résultat. Elles n'oublieront pas qu'elles ont, comme le reste du pays, à tenir compte des intérêts généraux français. Mais il faut proclamer bien haut que la France n'a pas de souci plus vif que celui de donner à leurs désirs les satisfactions qu'elles attendent. »

Dès le premier contact du Commissaire général avec ses administrés, maintes questions se pressaient sur leurs lèvres : il abordait aussitôt quelques-uns des principaux problèmes à résoudre, indiquant nettement quelle attitude serait la sienne.

La valorisation du mark préoccupait gravement la population et les établissements bancaires: « Cette situation appelle une solution immédiate », décidait-il. Sans retard, il réunissait les banquiers, élaborait un projet, en saisissait le Gouvernement dès le 30 mars.

La protection et le développement des ressources économiques de l'Alsace et de la Lorraine, dont une notable part était propriété allemande, seraient-ils assurés ? « Les richesses de ce pays sont immenses, observait le Commissaire général : elles ne contribueront pas peu à relever la situation économique de la France. Sans doute, il y aura des manœuvres, des tentatives d'accaparement au profit d'intérêts privés. Ce sera notre devoir de défendre les intérêts supérieurs de la nation. Des propriétés allemandes doivent passer entre des mains françaises. Je veillerai à ce que ces transmissions s'opèrent régulièrement, à ce que les acheteurs n'aient point licence d'avilir les prix et aussi à ce que les sommes versées ne le soient pas en des mains ennemies. Il y a là une part de notre gage ; nous devons la conserver jalousement. »

Les institutions sociales locales, dont Alsaciens et Lorrains avaient un légitime orgueil, qu'en adviendrait-il ? Ils furent vite rassurés : « A Strasbourg, disait le Commissaire général après les premiers jours passés dans cette ville, je n'ai fait qu'une seule visite et je l'ai réservée à une œuvre d'utilité publique dont le parfait fonctionnement mérite d'être signalé et encouragé : c'est l'Union générale des caisses de maladie. » Il ajoutait : « La législation allemande donne aux travailleurs, tant pour les retraites qu'en ce qui concerne les assurances contre la maladie et le chômage, des avantages auxquels les populations ouvrières ne renonceraient pas sans peine. J'estime que non seulement il faut la maintenir, mais encore que de précieux enseignements y pourront être puisés pour l'amélioration de notre législation française. »

Le nouveau personnel administratif, comment serait-il recruté ? « Autant que possible sur place. Pas un fonctionnaire alsacien ou lorrain ne perdra un centime par suite de l'établissement du nouvel ordre de choses. Et toutes les perspectives d'avancement qu'il pouvait avoir sous le précédent régime lui resteront ouvertes, avec cette différence qu'il ne sera plus suspect, au contraire ! »

Quelles mesures seraient prises à l'égard des Allemands immigrés ? « C'est une question d'espèce. » Les Allemands fonctionnaires seraient éliminés des rangs de l'administration avec toute la rapidité que comporterait la nécessité de leur remplacement. Les autres cas feraient l'objet d'un examen individuel et le tri serait opéré selon des principes uniformes, avec le concours de la population indigène. Quant aux ouvriers allemands, ainsi que le Commissaire général en donnait l'assurance, dès le 26 mars, à Metz, au Président du Consistoire de l'Église réformée, il ne serait pris de mesures à leur égard qu'en cas de compromissions graves.

En matière religieuse, à ceux qu'inquiétait l'avenir, le Commissaire général, se remémorant le dévouement à l'idée française de nombreux membres du clergé durant les temps de la domination allemande, disait : « Vous pouvez avoir l'assurance que je viens ici avec la ferme volonté de respecter de la façon la plus scrupuleuse vos libertés et vos institutions religieuses. A l'heure où le Parlement souverain aura à déterminer, de concert avec les représentants élus de l'Alsace et de la Lorraine, la condition définitive de ces institutions, le Gouvernement de demain, pas plus que celui d'aujourd'hui, n'oubliera les services rendus à la France par le clergé. La France restera toujours le symbole de la justice et de la liberté. Le Président de la République, le Président du Conseil, le Maréchal Joffre, ont prononcé des paroles garantissant la liberté, les coutumes et les croyances : cette promesse sera tenue par moi. »

Avec le faux présage que l'administration française ne pouvait manquer d'ouvrir une ère de persécutions religieuses, un autre faux bruit avait trouvé crédit : l'Université de Strasbourg, gloire de la ville, était vouée à une rapide et fatale déchéance. D'un mot, le Commissaire général dissipait cette crainte: sa préoccupation dominante serait d'assurer à cette université une prospérité plus grande encore que sous la domination allemande : « Elle doit être, disait-il, comme le rayonnement de l'esprit français. »

Enfin, répondant au vœu unanime des Alsaciens et des Lorrains, le Commissaire général annonçait que les listes électorales allaient être établies sans retard, afin de leur permettre d'envoyer au Parlement, en même temps que le reste de la France, leurs représentants, en l'absence desquels aucune mesure législative définitive intéressant l'Alsace et la Lorraine ne devait être délibérée ni votée.

Tant et de si vastes tâches voulaient un labeur
prolongé : « Il n'y a pas de difficultés insurmon-
tables, constatait le Commissaire général : il n'y a
que des problèmes difficiles, complexes; pour les
résoudre il faut du tact et de la patience. Ce n'est
pas que je veuille vous préparer à une solution
lente. Tous mes efforts tendront à aboutir à une conclusion rapide des difficultés qui se présentent
actuellement. » Annonçant que pourtant il y faudrait
encore « peut-être des années » : « Nous en viendrons
à bout, ajoutait-il, avec cette conviction qu'il ne
faut pas précipiter les choses. L'Alsace et la Lorraine, pendant quarante-huit ans, ont vécu repliées
sur elles-mêmes pour échapper à l'emprise allemande; elles ont contracté une vie particulière,
presque autonome. Pendant quarante-huit ans, elles
ont vécu suivant un statut particulier. L'Allemagne
a introduit dans tout le système français d'avant 1870
des réformes administratives, sociales, économiques
et politiques profondes. Ce qui a été si lentement, si
minutieusement organisé pendant près d'un demi-
siècle ne se modifie pas sans une étude attentive et
raisonnée. Ce n'est pas du jour au lendemain que les
effets de quarante-huit ans de vie différente peuvent
être effacés. »

Ils le pouvaient d'autant moins que l'administration française tenait à honneur de n'attendre rien de la contrainte, mais tout de la persuasion : « Il ne faut pas seulement de la bonne volonté pour surmonter ces difficultés, disait le Commissaire général aux Messins, le 26 mars, mais de l'ordre, de la méthode et de l'autorité, de l'autorité qui s'accommode très bien avec la liberté, pas de l'autorité à l'allemande, mais à la française, acceptée, consentie, désirée. C'est l'autorité que nous vous apportons. Je me flatte que la France peut donner à ce pays une administration qui ne le cède en rien à l'administration d'hier, avec quelques qualités de plus. » — « J'ai souvent entendu faire, et parfois avec raison, observait-il encore, l'éloge de l'esprit d'organisation de nos ennemis. Eh bien ! je désire qu'à leurs qualités de méthode et d'ordre, nous ajoutions autre chose : le cœur et l'esprit français. Je désire que les Alsaciens et les Lorrains retrouvent dans l'administration nouvelle les qualités de notre race, qui est la leur. »

.·.

Ainsi s'affirment, dès l'entrée en fonctions du Commissaire général, certains des principes sur lesquels il réglera ses actes, et que lui-même, après trois mois d'épreuve, résumait en ces termes devant les Commissions de la Chambre et du Sénat :

« L'expérience acquise, mes contacts aussi fréquents que possible avec la population, m'ont confirmé dans la conviction, que seule une administration respectueuse des croyances et des mœurs, attentive à ne pas froisser les habitudes, résolue à progresser par paliers, était capable d'amener sans secousses, non la substitution totale d'une législation à l'autre, mais, pour le bien de la France comme de nos deux provinces, une fusion des deux législations permettant leur amélioration respective. Il est d'ailleurs entendu que le Parlement ne saurait régler les questions d'Alsace et de Lorraine tant que n'y siégeront pas leurs représentants. »

Aussi bien la population des provinces retrouvées concevait-elle spontanément la nécessité d'une période de transition, dût-elle être d'assez longue durée : « Les Alsaciens et les Lorrains ont trop de bons sens, constatait le Commissaire général, pour réclamer de nous des miracles. Ils nous font à la fois le crédit du cœur et celui de l'intelligence; et nous devons leur en savoir gré. »

Cette grande sagesse de la population lui venait d'une grande affection pour la France : « Je ne trouve en face de moi, constatait avec joie le Commissaire général, que des Français qui font passer l'idée nationale, l'idée française avant tout. Alors, les difficultés administratives qu'on peut rencontrer semblent, malgré tout, peu de chose... »

Il révélait d'ailleurs lui-même, avec le secret de sa propre force, le fond de sa pensée quand il disait : « Tout est aisé avec le cœur... C'est là-bas que la République m'a envoyé pour travailler : j'y vais et j'y travaillerai. Je suis désormais Alsacien et Lorrain. »

C'est son œuvre de dix mois que nous voudrions résumer.

I

ADMINISTRATION GÉNÉRALE
DE L'ALSACE ET DE LA LORRAINE

Pouvoirs du Commissaire général. Organes de l'Administration générale. — De quels pouvoirs le Commissaire général disposait-il? Par quels organes administratifs allait-il les exercer?

Lui-même, dès son arrivée à Strasbourg, l'indiquait en ces termes : « Je succède à un homme, M. Maringer, qui avait consacré à sa tâche toutes ses qualités d'intelligence et de cœur. Mais, les pouvoirs qu'il n'avait pas, je les ai obtenus ou plutôt on me les a spontanément offerts. Vous connaissez le décret qui me donne la délégation directe du Président du Conseil, sous son autorité. A mon tour, j'ai annoncé à mes chefs de service que, dorénavant, ils seraient mes délégués directs à moi. Toutes les organisations créées à Paris pour s'occuper de l'Alsace et de la Lorraine viendront ici ou disparaîtront. Nous aurons ainsi l'ordre et la rapidité. »

L'ordre de choses antérieur, auquel le Commissaire général faisait ainsi allusion, institué par des décrets des 15 septembre, 15 et 26 novembre 1918, se ramenait essentiellement aux dispositions suivantes : jusqu'à la signature des préliminaires de paix, l'administration civile des territoires recouvrés devait demeurer sous l'autorité directe du Président du Conseil, ministre de la Guerre; l'action des services qui, dans les divers ministères, traitaient les questions intéressant ces territoires, était centralisée et coordonnée en un « Service général d'Alsace et de Lorraine », où chaque département ministériel était représenté et à la tête duquel se trouvait le sous-secrétaire d'État à la Présidence du Conseil; un « Conseil supérieur d'Alsace et de Lorraine » l'assistait. A Metz, Strasbourg et Colmar, l'administration civile était assurée par trois « commissaires de la République » nommés par décret et respectivement chargés des territoires de Lorraine, de Basse-Alsace et de Haute-Alsace; sous l'autorité du Président du Conseil, ministre de la Guerre, ils y exerçaient avec l'aide d'une « Commission militaire administrative » dont les membres étaient nommés par lui, l'ensemble des pouvoirs administratifs. Le Commissaire de la Basse-Alsace, sous le titre de « Haut commissaire », assurait en même temps le fonctionnement des services communs aux trois territoires.

Il résultait de cette organisation, où les pouvoirs des commissaires de la République et ceux mêmes du Haut commissaire étaient comparables à ceux

d'un préfet, que les questions administratives
importantes intéressant l'Alsace et la Lorraine, au
lieu de se résoudre à Strasbourg même, comme au
temps de la domination allemande, se décidaient à
Paris. Cette nécessité d'en référer aux administrations centrales et de les saisir ainsi des affaires
multiples, difficiles, urgentes qui surgirent dès le
lendemain de la désannexion, entraînait des retards
dont pâtissait la population. Il y fallait mettre un
terme en décentralisant.

Tel fut l'objet du décret du 21 mars 1919, qui
ramenait à Strasbourg le centre administratif des
territoires d'Alsace et de Lorraine, en y instituant
un Commissaire général de la République, muni des
pouvoirs les plus étendus : il relevait directement
et exclusivement du Président du Conseil, étant son
délégué permanent pour l'administration générale
de ces territoires ; le Commissaire général réunissait donc sous son autorité tous les services rela-
tifs à cette administration ; les trois commissaires
de la République à Strasbourg, Metz et Colmar, lui
étaient subordonnés ; il nommait à tous les emplois ;
il avait entrée au Conseil des ministres pour les
affaires d'Alsace et de Lorraine.

Par décision du 16 avril 1919, le Commissaire
général répartissait l'administration supérieure des
territoires d'Alsace et de Lorraine entre une série
de directions et de directions générales, dont chacune exerçait respectivement, pour les affaires de
sa compétence, les attributions des directions de
nos administrations centrales. Un secrétariat géné-

ral, superposé à toutes ces directions, unifiait et solidarisait leur action.

Ce secrétariat général fut d'abord occupé par M. le conseiller d'Etat Emmanuel Rousseau, dont la compétence et le dévouement, auxquels le Commissaire général tint à rendre publiquement un chaleureux hommage (¹), avaient permis de créer en un très court délai ce puissant instrument de travail.

Ainsi se trouvait constitué un organisme complet, se suffisant à lui-même et permettant d'instruire et de résoudre sur place, dans le minimum de temps, la plupart des questions intéressant l'administration locale d'Alsace et de Lorraine.

La décentralisation résultant de l'existence du Commissariat général allait entraîner la disparition ou la modification de deux des organes consultatifs préexistants, la Conférence d'Alsace-Lorraine et le Conseil supérieur d'Alsace-Lorraine.

La Conférence d'Alsace-Lorraine, créée dès février 1915 pour étudier à l'avance les multiples questions que poserait le retour à la France des territoires recouvrés, avait, en quatre années de labeur, sous la haute direction de son président, M. Louis Barthou, mené sa tâche à bonne fin : « Les rapports qu'elle a présentés et les avis qu'elle a émis, — constatait le Commissaire général, — ont apporté au Gouvernement les plus utiles conseils et préparé

---

1. Voir, p. 139, le discours du Commissaire général au Conseil supérieur d'Alsace et de Lorraine, le 3 juin 1919.

les solutions à adopter; elle a pleinement achevé son œuvre et répondu de la façon la plus élevée à la confiance que le Gouvernement avait placée en elle. »

En même temps qu'il était mis fin à sa mission, deux décrets du 10 mai 1919 réorganisaient le Conseil supérieur d'Alsace et de Lorraine.

Ce Conseil, institué par le décret du 26 novembre 1918, sous la présidence du Sous-Secrétaire d'Etat à la présidence du Conseil, et qui comprenait notamment parmi ses membres douze personnalités alsaciennes ou lorraines, avait, aux termes de l'article 5 de ce décret, une compétence ainsi définie : « Le Conseil délibère, à titre consultatif, sur toutes les questions d'ordre général soumises à son examen par son président. Il peut se saisir, en vue de propositions ou avis, de toutes les questions ou affaires rentrant dans les attributions du « Service général ».

Le décret du 10 mai 1919 transférait au Commissaire général la présidence du Conseil supérieur, et à Strasbourg le lieu de ses sessions. Ses membres, nommés par décret pris sur la proposition du Commissaire général, étaient dorénavant pour les deux tiers (21 sur 32) des Alsaciens et des Lorrains. La plupart des personnalités qui avaient participé aux travaux de la Conférence d'Alsace et de Lorraine siégeaient désormais au Conseil supérieur, dont la compétence consultative continuait de s'étendre à toutes les questions intéressant l'administration générale de l'Alsace et de la Lorraine. Dans l'inter-

valle des sessions, qu'il devait tenir tous les deux
mois, une « section permanente » du Conseil supérieur, composée de sept de ses membres alsaciens
ou lorrains, pouvait être convoquée par le Commissaire général toutes les fois qu'il le jugerait opportun.

Le chef responsable de l'administration des territoires recouvrés. appelant spontanément la discussion et la critique, s'a...urait ainsi les libres avis
d'une assemblée en majorité composée d'Alsaciens
et de Lorrains qui, intentionnellement choisis parmi
les représentants les plus qualifiés des milieux et
des intérêts les plus divers ('), le tiendraient pério-

1. Le Conseil supérieur comprenait, comme vice-prési-
dent, M. Louis Barthou, député, ancien président du Conseil des ministres; et comme membres :
MM. Andler, professeur à la Faculté des Lettres de Paris;
Colson, conseiller d'Etat; Courtin, président de Chambre
à la Cour des Comptes; Kammerer, ministre plénipoten-
tiaire; Matter, avocat général à la Cour de Cassation;
Lucien Poincaré, vice-recteur de l'Université de Paris;
Richard, conseiller d'Etat; Souchon, professeur, membre
de l'Institut; Albert Thomas, député, ancien ministre; Tis-
sier, président de section au Conseil d'Etat; le Dr Fran-
çois, médecin cantonal, maire de Delme (Bas-Rhin);
l'abbé Hackspiel; Hecker, maire de Barr, président du
Syndicat des viticulteurs; Heinich, propriétaire, maire de
Spech-le-Bas (Bas-Rhin); Helmer, notaire à Saint-Amarin;
Imbs, secrétaire général de l'Union des Syndicats ouvriers;
Kiener, professeur d'histoire alsacienne à l'Université de
Strasbourg; Lamy, président du Conseil général d'Alsace-
Lorraine; Laugel, ancien député d'Alsace-Lorraine; Lévê-
que, vétérinaire à Sarrebourg; Henri Lévy, minotier à Stras-
bourg; Daniel Mieg, industriel à Mulhouse; Peirotes,
publiciste, président de la Commission municipale de
Strasbourg; Prevel, banquier, maire de Metz; Albert Scheu-

diquement averti des vœux de la population et des
effets de ses décisions.

Il va de soi que, si le Conseil supérieur était pleinement indépendant dans ses appréciations sur
les actes de l'Administration, aucun déplacement
d'autorité n'en résulterait et que les fonctionnaires
d'Alsace et de Lorraine demeuraient responsables
devant le Commissaire général seul.

De mars 1919 à janvier 1920, le Conseil supérieur
tint quatre sessions (juin, août, octobre, décembre
1919). Il suffit de se reporter aux procès-verbaux de
ses séances, aux rapports dont il fut saisi, aux vœux
émis par ses membres, pour constater qu'il n'est pas
une des questions intéressant l'Alsace et la Lorraine
sur laquelle il n'ait été invité à délibérer et qui n'ait
fait l'objet d'une discussion approfondie.

Aussi le Commissaire général, sachant le prix
d'une telle collaboration, insista-t-il énergiquement
au Parlement pour le maintien de cette assemblée,
lorsque son existence fut mise en cause au cours de
la discussion sur le régime transitoire de l'Alsace et
de la Lorraine. Faisant allusion à ces débats :
« Votre rôle, — disait-il en ouvrant la session
d'octobre du Conseil supérieur, — n'a pas été connu
comme il conviendrait. M. Albert Thomas s'est joint
à moi pour rendre hommage aux services que le
Conseil supérieur a rendus à l'Alsace, à la Lorraine
et à la France. On a aussi émis l'opinion que

rer, industriel à Bitschwiller-Thann ; Urban, agriculteur ;
l'abbé Wetterlé, ancien député d'Alsace-Lorraine ; Wicky,
à Mulhouse ; Winkler, industriel à Bischwiller.

l'existence du Conseil supérieur ne serait plus nécessaire au lendemain des élections. Là encore, M. Albert Thomas s'est joint à moi pour établir avec force la nécessité d'un Conseil qui devra s'occuper des affaires régionales dont les membres du Parlement ne peuvent connaître le détail. »

.

Régime transitoire de l'Alsace et de la Lorraine. — Parmi les plus importantes questions sur lesquelles le Conseil supérieur eut à donner son sentiment, il convient de rappeler ici celle du régime transitoire de l'Alsace et de la Lorraine, tel que le prévoyait le projet de loi déposé par le Gouvernement le 29 juillet 1919.

Dès le 7 avril 1919, le Commissaire général en avait reconnu la nécessité et pris l'initiative.

Cette nécessité résultait de la jurisprudence en vertu de laquelle la ratification du traité de paix du 28 juin 1919 eût, par elle-même, mis fin au régime provisoire en vigueur depuis l'armistice dans les territoires recouvrés et lui eût substitué automatiquement et définitivement toute l'organisation et toute la législation française de droit public. Or, ainsi que l'indiquait l'exposé des motifs du projet, « une introduction immédiate et globale de la totalité de notre organisation administrative, judiciaire, financière, économique et de toute notre législation de droit public était matériellement

impossible ». D'autre part, l'introduction de la
législation française de droit privé était aussi une
œuvre de longue haleine exigeant une minutieuse
préparation. L'obligation de proroger la période
transitoire en cours s'imposait d'autant plus impérieusement, qu'il était inadmissible, ainsi que le
Commissaire général le rappelait au Conseil supérieur, qu'on légiférât sur l'Alsace et la Lorraine
tant que leurs représentants élus ne siégeraient pas
au Parlement.

A ceux dont l'imagination, prompte à l'effroi,
voyait déjà ce régime transitoire mué en régime de
colonie ou même en « dictature », le Commissaire
général faisait simplement observer : « Peut-on
craindre la dictature quand on a le moyen de
renverser le lendemain le ministre qui doit contresigner les décrets? Une quantité de problèmes se
posent à chaque heure et de façon permanente.
Est-ce qu'il faudra une loi pour régler toutes ces
difficultés techniques?... Il faut que nous ayons une
formule d'administration assez souple pour assurer
la sauvegarde des intérêts de l'Alsace-Lorraine. Il
n'y a rien dans ce projet que ceci : nous désirons
réserver tous les droits. Jusqu'aux nouvelles élections nous ne ferons rien qui préjuge de l'avenir.
Nous avons un autre devoir : c'est d'assurer que
l'Alsace vive sans heurts et sans risques pour son
développement et son progrès. »

Que durerait le régime transitoire? Il était
malaisé de le prévoir. L'un des membres du Conseil
supérieur, M. Tissier, qui eût souhaité que la loi

précisât cette durée, donnait l'indication suivante :
« Nous avions proposé, à la conférence d'Alsace-
Lorraine, un délai de dix ans pour cette période
transitoire. »

Le Conseil supérieur (séance du 5 août 1919) donna
son approbation au projet de loi.

Il fut discuté à la Chambre des députés les 1er, 3
et 4 octobre 1919, au Sénat le 16 octobre 1919, et est
devenu la loi du 17 octobre 1919 sur le régime transitoire de l'Alsace et de la Lorraine.

Ainsi què l'exposait le Commissaire général dans
son discours du 1er octobre à la Chambre (1), trois
motifs essentiels justifiaient le maintien d'un tel
régime : l'impossibilité morale d'élaborer des lois
modifiant la législation locale de l'Alsace et de la
Lorraine, tant que ne siégeraient pas au Parlement
leurs représentants élus ; l'impossibilité, à raison
même de cette législation locale, d'administrer de
Paris les services d'Alsace et de Lorraine ; enfin
l'impossibilité de substituer brusquement et en bloc
la législation française à la législation locale.

En attendant qu'une loi définitive, votée avec la
participation des députés et sénateurs d'Alsace et de
Lorraine, eût statué sur l'organisation des services
publics dans les territoires recouvrés, la loi du
17 octobre 1919 y maintenait donc temporairement,
sous l'autorité du Président du Conseil, le Commissaire général et le Conseil supérieur ; mais les
pouvoirs de cette assemblée consultative prendraient

1. Voir le texte de ce discours, page 179.

fin trois mois après l'entrée en fonctions des députés et sénateurs à élire.

A titre également provisoire, rien n'était changé aux circonscriptions administratives existantes, qui reprenaient simplement les dénominations de départements et d'arrondissements.

La législation et les dispositions réglementaires locales demeuraient en vigueur, et ne feraient place à la législation française, qu'au fur et à mesure que des lois spéciales l'introduiraient, avec tels délais et modalités qui sembleraient nécessaires pour graduer cette introduction. En cas d'urgence seulement, elle pourrait avoir lieu par décret, soumis ensuite à la ratification des Chambres dans le délai d'un mois.

Quant au budget de l'Alsace et de la Lorraine, il serait, jusqu'à la prochaine loi de finances, préparé par le Commissaire général, soumis pour avis au Conseil supérieur et arrêté par décret.

C'est également par décrets pris dans les mêmes conditions et présentés dans le mois à la ratification des Chambres, qu'à titre provisoire le régime français des impôts serait progressivement substitué au régime fiscal existant.

Enfin les lois électorales françaises étaient déclarées immédiatement applicables aux élections sénatoriales, législatives, départementales et communales, en même temps qu'était fixé le nombre des représentants à élire par département (¹), selon les

___

1. Moselle : 5 sénateurs, 8 députés; Bas-Rhin : 5 sénateurs, 9 députés; Haut-Rhin : 4 sénateurs, 7 députés.

résultats des plus récents dénombrements de la population (déduction faite des Allemands).

Dans la loi que nous venons de résumer s'exprimait, en somme, le double souci d'assurer à l'Alsace et à la Lorraine, dès les élections alors toutes prochaines, leurs représentants élus, et de ménager ce qu'on a bien nommé « une période transitoire d'accommodation » permettant de rythmer d'une main prudente, sans lenteur, mais aussi sans impatience ni précipitation, l'œuvre de réassimilation nécessaire : « Vous avez voulu, — concluait le rapporteur, M. Bonnevay, — ne rien heurter, tout respecter des traditions des provinces réintégrées. »

Poursuivant la même pensée, non seulement de ne rien abolir ou mutiler de ce qui avait toujours fait de l'Alsace et de la Lorraine un des foyers les plus ardents de vie régionale, mais, en alimentant ce foyer, d'enrichir la vie nationale elle-même, le Commissaire général, dès le mois de décembre 1919, entretenait le Conseil supérieur de la création éventuelle d'un Conseil régional élu ([1]), projet que nous le verrons reprendre plus tard comme chef du Gouvernement.

*

Mesures administratives générales. — Au premier rang des vœux que l'opinion régionale exprimait avec la plus vive et la plus légitime insistance, était

[1]. Voir, p. 217, discours du 16 décembre 1919 au Conseil supérieur.

celui de voir l'Alsace et la Lorraine enfin débarrassées
des fonctionnaires allemands qui s'y trouvaient
encore.

Des exemples tirés de l'administration des chemins
de fer et de celle des postes et des télégraphes suffi-
ront à montrer combien cette impatience était expli-
cable : d'un recensement du personnel des chemins
de fer d'Alsace et de Lorraine effectué en janvier 1919, il résultait que, sur un total de 46.116 unités, les Allemands figuraient dans la proportion
de 24 %, et que cette proportion, variable avec la
catégorie (ouvriers, 15 %; aide-fonctionnaires,
22 %; fonctionnaires, 37 %) variait encore davantage avec le grade, en ce sens qu'elle augmentait au
fur et à mesure que l'on s'élevait dans l'échelle
hiérarchique ('), pour atteindre son maximum dans
l'administration centrale.

Il était d'autant plus malaisé de remédier immédiatement à cette situation, qu'à raison de l'ostra-
cisme auquel avaient été en butte les Alsaciens et
les Lorrains de la part des autorités allemandes, très
peu des éléments instruits de la population autochtone avaient pris du service dans les chemins de
fer; le nombre était donc réduit des agents alsaciens
ou lorrains en état d'accéder aux grades supérieurs.

Cependant, par un effort énergique et tenace, le
personnel allemand fut éliminé en quelques mois;
3.682 agents alsaciens et lorrains se trouvèrent ainsi

---

1. Chauffeurs, 31 %; mécaniciens, 64 %; sous-chefs de
gare, 70 %; chefs de gare, 86 %.

bénéficier d'un avancement de grade dans divers emplois pour lesquels la moyenne des avancements annuels n'était que de 743. La presque totalité des emplois supérieurs fut attribuée à des Alsaciens ou à des Lorrains ; ce n'est qu'à défaut de tels candidats et dans une mesure infime, que l'on recourut au personnel des réseaux de l'intérieur.

Par une opération parallèle, dans l'administration des postes, des télégraphes et des téléphones, sur un personnel d'environ 6.000 unités, les 1.500 Allemands (dont 65 fonctionnaires supérieurs) qu'il comportait furent rapatriés d'office dès qu'ils purent être remplacés ; inversement les Alsaciens ou Lorrains se trouvant en fonction en Allemagne, notamment pour y avoir été envoyés comme suspects, étaient invités à rentrer dans leur pays d'origine ; on n'eut, de la sorte, à faire appel que dans une très faible proportion (21 fonctionnaires et 122 agents) au personnel du reste de la France.

Quant à la situation faite d'une manière générale aux fonctionnaires alsaciens ou lorrains, l'élaboration de leur statut dans les diverses branches de l'administration s'inspira du principe, affirmé dès l'origine, nous l'avons vu, par le Commissaire général, qu'aucun d'eux ne devrait rien perdre de son traitement, ni de ses chances d'avancement. Sans doute, à ceux des fonctionnaires des autres parties de la France que l'on avait invités à se rendre en Alsace ou en Lorraine pour y collaborer à l'organisation et à la mise en marche de la nouvelle administration, on fit des avantages particuliers, com-

pensation d'une tâche ardue et de l'abandon de
situations acquises. Il advint que leurs collègues
alsaciens ou lorrains prirent quelque ombrage de
cette inégalité. Mais elle ne devait être que temporaire : le but, malaisé à atteindre vu la non-concor-
dance des deux hiérarchies, demeurait la péréquation
des traitements, quelle que fût l'origine des fonctionnaires. On travailla à s'en rapprocher graduellement, non sans profit pour le personnel du cadre
local. C'est ainsi que, dans le service des chemins de
fer, l'application du principe que le personnel du
réseau d'Alsace et de Lorraine jouirait des mêmes
avantages que celui des autres réseaux, entraîna,
au compte d'exploitation de l'exercice 1919, une
charge supplémentaire de plus de 100 millions de
francs. De même, dans l'administration des postes
et des télégraphes, en attendant l'assimilation par
voie législative, un régime provisoire fut institué en
vertu duquel, chaque mois, l'agent du cadre local
devait recevoir une somme égale à celle que touchait
l'agent du cadre général de grade correspondant :
« Nous ne pouvons, — disait le Commissaire général
au Conseil supérieur (octobre 1919), — laisser subsister la situation paradoxale et dangereuse de fonctionnaires recevant un traitement différent dans le
même bureau pour des fonctions identiques. Mais
on ne peut uniformiser de façon complète, car les
fonctionnaires alsaciens ou lorrains ne veulent pas
voir leur statut purement et simplement remplacé
par celui des fonctionnaires métropolitains. Ils
tiennent à garder leurs avantages, notamment au

point de vue des retraites. Il est donc certain que la fusion ne pourra être accomplie que par le Parlement (¹). »

Les Alsaciens et les Lorrains n'attendaient pas seulement de la nouvelle administration qu'elle éliminât dans le plus court délai et jusqu'au dernier les fonctionnaires allemands ; ils tenaient à ce que fût poursuivi sans faiblesse, parmi les Allemands non fonctionnaires, en vue des mesures à prendre à leur égard, le triage de ceux que leur attitude et leurs sentiments rendaient indésirables ou même dangereux au point de vue national.

Ce triage s'imposait d'autant plus, que la population autochtone n'était pas sans regretter la faculté libéralement ouverte par le traité de paix à certains Allemands (²), de réclamer, sans qu'on pût la leur refuser, la nationalité française dans l'année consécutive à l'entrée en vigueur du traité ; elle demandait que, du moins, l'on examinât avec la plus grande attention le cas des autres Allemands qui ne bénéficiaient pas de ce privilège.

C'est à cette fin que fut créée, par arrêté du 11 mai 1919, dans chacune des villes de Metz, Colmar et Mulhouse, une commission « chargée de l'examen des mesures individuelles à prendre à

1. Un projet de loi sur le statut des fonctionnaires a été déposé au Parlement le 31 juillet 1920.
2. Conjoints d'Alsaciens ou Lorrains réintégrés de plein droit dans la nationalité française.

l'égard des étrangers de nationalité allemande ou austro-hongroise, dont le séjour en Alsace et en Lorraine pourrait être contraire à l'ordre public ».

Présidées par un magistrat, ces commissions comprenaient trois membres choisis par le Commissaire général sur des listes de trois noms respectivement présentées par la chambre de commerce, la municipalité et les syndicats ouvriers de la ville où elles devaient siéger; un officier y remplissait les fonctions de secrétaire.

Ainsi composées, elles constituaient un organe d'enquête administrative conciliant avec l'équité le souci de la sécurité nationale.

Pour concevoir la nécessité de la vigilance, il suffira de se remémorer l'incessante propagande dite « autonomiste », qui, tout en se poursuivant en Alsace, n'avait d'alsacien que le masque et dont les protagonistes persévérants recevaient d'outre-Rhin leurs inspirations et leurs ressources.

II

PROBLÈMES FINANCIERS

Valorisation du mark. — Dès son arrivée à Strasbourg, le Commissaire général avait constaté le malaise et l'inquiétude nés de la question de la valorisation.

On sait l'origine de ce grave problème financier : lorsqu'en novembre 1918 intervint l'armistice, le mark allemand valait environ 0 fr. 70; l'Alsace et la Lorraine redevenant françaises, il allait cesser d'y avoir cours légal; si l'on n'eût pris aucune mesure appropriée, les lourdes conséquences de ce changement de régime monétaire fussent retombées de tout leur poids sur les Alsaciens et les Lorrains, détenteurs d'une monnaie dépréciée : une crise économique aiguë en eût été la conséquence.

C'est pour la prévenir que fut pris, par le Président du Conseil, l'arrêté du 26 novembre 1918, en vertu duquel les Alsaciens, les Lorrains et les ressortissants alliés ou neutres résidant en Alsace ou en Lorraine avant le 1ᵉʳ août 1914, pourraient obtenir l'échange à 1 fr. 25 le mark des monnaies allemandes leur appartenant (art. 3). Pareillement, les dépôts en banque à vue et à préavis, — considérés comme le prolongement de la circulation monétaire, — leur seraient, s'ils en réclamaient le remboursement, remboursés en francs au même taux d'échange (art 9). Enfin les valeurs exprimées dans tous les contrats passés en marks, soit entre Alsaciens ou Lorrains, soit entre Alsaciens ou Lorrains et Français, seraient, à partir du 1ᵉʳ décembre 1918, converties en francs, toujours au même taux (art. 11).

Cet arrêté, inspiré à l'égard des Alsaciens et des Lorrains d'une intention de large générosité à laquelle ils se montrèrent très sensibles, comportait, outre certaines lacunes, des conséquences qu'on ne paraît pas avoir, dès l'abord, exactement mesurées.

Et d'abord l'article 11 omettait, dans l'énumération de ceux auxquels il s'appliquait, les alliés ou neutres domiciliés en Alsace ou en Lorraine avant le 1ᵉʳ août 1914. Il omettait également d'astreindre les Allemands résidant en Alsace ou en Lorraine à s'acquitter selon le taux de 1 fr. 25 par mark des obligations non encore échues qu'ils avaient contractées et devaient exécuter, dans les territoires recouvrés, au profit d'Alsaciens, de Lorrains, de Français, d'alliés ou de neutres : les débiteurs allemands se trouvaient être ainsi mieux traités que les débiteurs alsaciens ou lorrains.

Un arrêté du Commissaire général, en date du 4 avril 1919, combla ces lacunes.

D'autre part, l'article 9 avait mis les banques dans un embarras extrême : il les obligeait à payer leurs déposants à raison de 1 fr. 25 le mark, sans leur assurer, par réciprocité, la valorisation au même taux d'une part de leur actif. Dans l'impossibilité où elles se voyaient d'assumer la charge d'une telle opération, elles avaient pris le parti de suspendre les remboursements de dépôts; leur clientèle en éprouvait une grande gêne et se voyait contrainte d'emprunter à un taux onéreux.

Les Caisses populaires (Caisse d'Épargne, Caisse de prêts ouvriers, etc...) et le Crédit Foncier d'Alsace-Lorraine se trouvaient, à raison de l'article 11 de l'arrêté, dans un embarras analogue à celui des banques, parce que leur actif, composé en grande partie de valeurs ou de créances allemandes, n'équilibrait plus le passif converti en francs au taux de 1 fr. 25 par mark.

Cette situation durait depuis trois mois lorsque le Commissaire général entra en fonctions. Il se préoccupa immédiatement d'y remédier, et, dès le 5 avril 1919, recevait les représentants des banques de Strasbourg, Metz, Colmar et Mulhouse, puis ceux des Caisses populaires et du Crédit Foncier d'Alsace, pour les informer des mesures qui, avec l'assentiment du Gouvernement, allaient être prises : la discussion du projet de loi destiné à donner les moyens financiers d'appliquer l'arrêté du 26 novembre 1918 venait de démontrer que le Parlement était disposé à faciliter aux banques d'Alsace et de Lorraine l'exécution de l'article 9 ; — le Commissaire général les informa que, à la condition expresse qu'elles reprissent sans délai le remboursement des dépôts, il ferait mettre par le Trésor, à leur disposition, des avances sans intérêts ; ces avances pourraient s'élever à 60 0/0 des sommes que le Trésor verserait ultérieurement aux banques à titre de valorisation des éléments d'actif à reprendre par lui, lorsque la mise en vigueur du traité de paix en permettrait la réalisation sur l'Allemagne. Cette proposition reçut l'adhésion des représentants des banques. Ainsi fut rendu possible le déblocage des comptes de dépôt.

Les délégués des Caisses populaires et du Crédit Foncier furent de même avisés que ces établissements seraient garantis contre toute conséquence préjudiciable éventuelle qui pourrait résulter pour eux de l'application de l'arrêté du 26 novembre 1918.

Pour ce qui est de l'échange des monnaies, cette opération, prévue par l'article 3 de l'arrêté, avait été commencée et poursuivie sans que fussent préalablement demandées au Parlement les ressources financières nécessaires : on avait considéré qu'elle devait être menée avec le maximum de rapidité possible, afin de prévenir les fraudes. Elle se trouvait fort avancée déjà lorsque le Commissaire général entra en fonctions, et l'on pouvait mesurer à cette expérience l'importance considérable du sacrifice financier consenti. C'est ce sacrifice que le Parlement sanctionna par la loi du 23 avril 1919 « portant ouverture d'un compte spécial pour l'échange des monnaies allemandes détenues par les prisonniers de guerre français, les habitants des régions libérées, les Alsaciens et les Lorrains ». A ce compte spécial seraient imputées, outre les dépenses entraînées par l'échange des monnaies, celles qu'entraînerait la reprise au taux de 1 fr. 25 de certains éléments de l'actif-marks des banques. Les sommes à porter ainsi au débit du compte spécial ne devraient pas excéder 2 milliards 250 millions (¹).

S'expliquant devant la Commission du Budget de la Chambre, le 14 avril 1919, sur les difficultés d'application de l'arrêté du 26 novembre 1918, et sur ses répercussions financières, le Commissaire général concluait : « Je suis bien à l'aise pour apprécier cet arrêté : dans son ensemble, à mon avis personnel, il était inévitable. Le Parlement a été unanime à en approuver l'inspiration. Notre rentrée en Alsace et en Lorraine ne pouvait coïncider avec une crise financière : la France devait la conjurer pour n'avoir pas à la réparer. »

Introduction du régime fiscal français. — En dehors du problème spécial de la valorisation, qui

1. Les études faites pour préciser les modalités de intervention du Trésor aboutirent à l'établissement d'un projet de loi déposé par M. Millerand, alors Président du Conseil, le 31 juillet 1920; il est devenu la loi du 22 juin 1922 relative à la réforme monétaire en Alsace et Lorraine.

requérait d'urgence une solution, se posait dans le domaine financier un problème général : celui de la substitution de nos lois fiscales au régime d'impôts en vigueur en Alsace et en Lorraine.

Différentes raisons, qui sautent aux yeux, s'opposaient à ce que cette substitution fût immédiate et intégrale. A elle seule, la difficulté de recruter le personnel nécessaire y mettait matériellement obstacle : au début de 1919, près de la moitié des emplois à pourvoir étaient encore vacants. Quelque souhaitable qu'il pût être d'égaliser au plus tôt le poids des charges publiques entre l'Alsace et la Lorraine et le reste de la France, force était bien de faire un choix, de ne réaliser les réformes fiscales que selon leur ordre d'importance et d'urgence, de considérer plutôt le principe des impôts que le détail de leur application, et de maintenir provisoirement la réglementation locale, lorsqu'il n'y avait pas d'intérêt majeur à introduire sans délai la réglementation française.

Cet intérêt majeur était immédiatement apparu en matière douanière et, dès le 30 janvier 1919, un arrêté avait mis en vigueur les tarifs douaniers français. Certaines taxes locales ne tardèrent pas à être abolies, comme n'ayant pas d'équivalent dans la législation française (*).

Des arrêtés du 18 juin 1919 réalisèrent la réforme

---

1. Telle la taxe sur le papier à cigarettes, supprimée le 7 novembre 1919, taxe impopulaire parce qu'en fait elle atteignait bien plus les Alsaciens ou les Lorrains que les Allemands.

générale des contributions indirectes, qui eut notamment pour effet de permettre, à partir du 1er août 1919, aux produits originaires d'Alsace et de Lorraine de circuler dans le reste de la France. Par contre, la loi locale sur les frais de justice demeurait en vigueur, parce qu'elle se rattachait étroitement à l'organisation judiciaire locale provisoirement maintenue. De même, en ce qui concerne les impôts directs et les droits de succession, le régime local ne fut pas, en principe, modifié, parce que l'on estima qu'il convenait, en une matière aussi importante, de ne point changer des habitudes invétérées, tant que les représentants élus de l'Alsace et de la Lorraine ne siégeraient pas au Parlement; on se borna à supprimer ou à atténuer par des mesures transitoires certaines inégalités fiscales inadmissibles.

Ces quelques exemples suffisent à caractériser la méthode prudente et souple employée pour ménager en Alsace et en Lorraine la transition nécessaire entre le régime fiscal local et le régime fiscal français.

III

PROBLÈMES ÉCONOMIQUES

Ravitaillement en denrées alimentaires et matières premières. — En même temps que les problèmes financiers, des problèmes économiques multiples s'imposaient à l'attention du Commissaire général.

L'un des plus urgents, celui du ravitaillement de l'Alsace et de la Lorraine, avait surgi dès l'armistice et rendu nécessaire la création d'un service du ravitaillement civil, qui, graduellement modifié et perfectionné, comportait, en septembre 1919 : une direction à Strasbourg ('), trois contrôles avec gestion des subsistances à Metz, Strasbourg et Colmar; un semblable contrôle à Sarrebruck; à Paris une annexe chargée des transports et des liaisons avec les ministères et les réseaux; enfin un bureau de fret et

1. Avec 3 sections : 1° Section administrative et de comptabilité; 2° Section des vivres et transports; 3° Section des céréales.

de transit à Anvers. Dès l'origine ce service, prenant le contre-pied de l'étatisme outrancier qui avait caractérisé les méthodes allemandes de ravitaillement, s'était appliqué à mettre en relations les commerçants locaux avec les commerçants du reste de la France, provoquant ainsi la naissance de courants économiques normaux et durables. Toutefois, en attendant que ces courants eussent acquis une importance suffisante, il dut procéder par voie de cession de denrées au commerce et à l'industrie d'Alsace et de Lorraine et collaborer activement à la réorganisation des transports de marchandises, qui devaient se ressentir longtemps encore des bouleversements de la guerre.

Si nous prenons, à titre d'exemple, le ravitaillement en blé, c'est pour le faciliter que l'on encouragea l'acheminement des céréales par Anvers et que l'on créa dans ce port un bureau de fret et de transit remplissant le rôle d'une véritable agence consulaire pour l'Alsace et la Lorraine en Belgique. Le service de ravitaillement civil établit d'autre part, pour la campagne 1919-1920, un programme de réquisition des céréales et d'opération d'achats par l'intermédiaire du syndicat des minotiers d'Alsace et de Lorraine, programme dont l'application donna des résultats dépassant ceux obtenus dans le reste de la France. Quatre arrêtés du Commissaire général (9, 18, 29 août et 17 septembre 1919) réglementèrent d'une façon complète le régime des céréales en Alsace et en Lorraine : ils avaient pour objet d'identifier ce régime avec celui du reste de la France en ce qui concernait la meunerie, la consommation et le prix du pain. Le rendement des opérations de réquisition et d'achat de la récolte locale par le syndicat des minotiers fut des plus satisfaisants : de 800 quintaux par jour (fin octobre 1919), il s'éleva à 3.000 (20 janvier 1920), chiffre qui, eu égard à la surface cultivée, dépassait de beaucoup la moyenne de livraison des autres départements. Alors qu'au début de 1919 et durant de longs mois les moulins d'Alsace et de Lorraine subirent des périodes de chômage ou de travail réduit, le service du ravitaillement était parvenu, à la fin de l'année 1919, à les alimenter de telle sorte qu'ils fonctionnaient tous sans interruption : on vit, pour la première fois depuis l'armistice, les grands moulins d'Illkirch travailler, à trois équipes, vingt-quatre heures par jour, durant plusieurs semaines consécutives. Deux chiffres résument et mesurent l'activité du service du ravitaillement (section des céréales) en 1919 : il fut, au cours de cette année, cédé au syndicat des minotiers d'Alsace et de Lorraine plus de 1.400.000 quintaux de céréales représentant une valeur de 67 millions de francs.

Quant au rôle de ce même service en matière de transports, on en concevra l'importance, si l'on songe qu'il avait pour tâche de grouper toutes les demandes de wagons nécessaires au ravitaillement de l'Alsace et de la Lorraine et de les transmettre aux différentes commissions de réseaux, pour être exécutées par priorité, suivant un contingent déterminé : au 15 octobre 1919, plus de 52.000 wagons avaient ainsi été dirigés par priorité sur l'Alsace, la Lorraine et la Sarre.

Malgré la nécessité de ne pas nuire, en matière de transports, aux services des régions libérées et de la reconstitution industrielle, un régime de transports favorable à l'Alsace et à la Lorraine put être obtenu et maintenu ; il comportait le programme hebdomadaire suivant : 300 wagons pour l'alimentation générale, 100 wagons pour le transport des vins, 300 wagons pour l'alimentation des usines, 50 wagons pour la reconstitution industrielle et les dommages de guerre, enfin un train de coton par semaine du Havre sur Mulhouse.

Connexe à la question du ravitaillement, celle de la cherté de la vie suscita de la part de l'Administration des efforts multiples ('), tendant à l'abaissement des prix. Parmi les mesures prises, il convient de rappeler l'extension aux sociétés coopératives de consommation d'Alsace et de Lorraine, par arrêté du Commissaire général du 17 juillet 1919, de la loi française du 7 avril 1917 : jusqu'alors les coopératives de consommation étaient demeurées sous l'empire de la législation locale, qui leur refusait la faculté de vendre à d'autres qu'à leurs propres sociétaires. Une telle restriction diminuait sensiblement l'action régulatrice que ces sociétés peuvent exercer sur les prix. Il parut opportun de leur accorder cette faculté en les faisant bénéficier

1. Le détail en est donné dans des instructions aux contrôleurs du ravitaillement en date des 23 et 31 juillet, 3 et 9 août 1919.

sans retard de la loi française, sous la réserve
expresse que leurs membres ne tireraient aucun
profit des ventes aux non-sociétaires. D'autre part,
les services du ravitaillement ne cédaient de denrées
aux coopératives qu'à la condition qu'elles les
missent en vente à un tarif nettement inférieur à
celui pratiqué par les détaillants ou les sociétés
faisant de la vente directe. On concevra l'amplitude
de la répercussion de semblables mesures, si l'on
songe que les coopératives de la Haute-Alsace
comptaient environ 158.000 membres inscrits ('),
qu'en Basse-Alsace on estimait à 150.000 le nombre
des consommateurs que l'arrêté du 17 juillet 1919
allait permettre aux coopératives de ravitailler, et
en Lorraine, à 200.000 celui des consommateurs
que représentait l'Union Lorraine des coopératives.
Dès octobre 1919, en Haute-Alsace par exemple, on
enregistrait, sur les prix demandés aux consommateurs pour les produits alimentaires de première
nécessité cédés aux commerçants ou aux coopératives par le service du ravitaillement civil, une
baisse qui, suivant les denrées, variait entre 20 %
et 45 %.

∴

Ravitaillement en combustibles. — Non moins grave
que la question du ravitaillement de l'Alsace et de la

1. 26 Sociétés coopératives ayant 128.450 membres
inscrits et le Syndicat des Coopératives de Mulhouse, dont
les 32 Sociétés adhérentes représentaient 30.000 membres.

Lorraine en comestibles et matières premières, se posait celle de leur ravitaillement en combustibles. Au régime allemand de répartition des charbons avait succédé, lorsque vint l'armistice, une période de désarroi, où l'absence de contrôle permit, entre autres conséquences fâcheuses, des accaparements ; les stocks existant dans les territoires recouvrés tendaient, en outre, à s'épuiser, d'autant que les arrivages de charbons de la Ruhr, prévus par le protocole de Luxembourg, tardaient à commencer ; cette crise de quantité influait nécessairement sur les prix et s'aggravait de la crise des transports.

Pour mieux régler les attributions de charbon, un « bureau de répartition » fut d'abord créé à la Direction des Mines. Puis l'Administration, ne pouvant assumer elle-même le rôle de négociant en charbons, suscita, avec le concours des Chambres de commerce de Mulhouse, de Colmar et de Strasbourg, la création d'un « Comptoir des Chambres de commerce, Section des combustibles », qui serait, pour les commerçants et industriels d'Alsace et de Lorraine, l'intermédiaire unique des achats de combustible en provenance d'Allemagne. Enfin l'organisme administratif chargé tout ensemble d'augmenter les ressources et de réduire la consommation par une attribution rationnelle et équitable des contingents, prit la forme définitive (août 1919), d'une « Direction du Ravitaillement en combustibles de l'Alsace et de la Lorraine », dépendant de la Direction générale du Commerce, de l'Industrie et des Mines.

Pour accroître les ressources et faciliter les transports en réduisant l'amplitude de la rotation des wagons, elle obtint qu'à partir du 1ᵉʳ novembre 1919, la production des mines lorraines fût réservée à l'Alsace et à la Lorraine. Elle fit recenser les stocks laissés par l'armée allemande et vérifier aussi ceux que possédaient les principaux consommateurs, afin de connaître non plus seulement leurs demandes, mais leurs besoins réels ; un service d'inspection, avec contrôleurs à Mulhouse, à Strasbourg et à Metz, assuma cette tâche de statistique et de répartition surveillée. Enfin l'Administration incita à l'utilisation rationnelle de combustibles dits inférieurs, mais ayant pourtant une valeur calorifique notable.

Les résultats de cet ensemble de mesures commencèrent à se manifester durant les derniers mois de 1919 : après des tonnages ne dépassant guère 200.000 tonnes en août, septembre et octobre, on obtint, comme chiffres de réceptions mensuelles, 280.000 tonnes en novembre, 300.000 en décembre, 316.000 en janvier 1920. Cette aisance relative, dont l'Alsace et la Lorraine jouirent durant l'hiver 1919-1920, s'y est ensuite maintenue.

Quant aux prix, l'achat en marks des charbons de provenance allemande et leur revente en francs permirent de réaliser des bénéfices temporaires, qui furent employés à maintenir invariables les prix de vente jusqu'en avril 1920, malgré l'augmentation du coût d'extraction aux mines lorraines et la hausse des charbons allemands durant l'année 1919.

* *

Concours prêté par l'Administration à l'industrie et au commerce. — Parallèlement aux efforts faits pour ravitailler l'Alsace et la Lorraine en denrées alimentaires et en combustibles, l'Administration s'était, dès les premiers temps qui suivirent l'armistice, préoccupée de seconder et de coordonner les efforts des industriels, afin de hâter la reprise de la vie économique dans les territoires recouvrés. Telle fut la tâche propre du « Service industriel », qui organisa aussitôt une enquête permanente sur les besoins de ces industriels et travailla à les satisfaire. Sans exposer en détail l'activité de ce service, nous rappellerons, par exemple, qu'à dater de la mi-janvier 1919, — époque à laquelle commencèrent les envois de coke métallurgique de la Ruhr, — il eut à en assurer la répartition entre les usines de Lorraine. En Alsace, il s'appliqua à récupérer l'outillage évacué ou volé par les Allemands, notamment dans le Haut-Rhin : cette restitution fut presque intégralement obtenue. Il fit en sorte que l'Allemagne continuât à pourvoir l'industrie alsacienne ou lorraine de certaines matières premières qu'elle ne pouvait obtenir ailleurs (colorants, pâtes à papier, etc.).

De son côté, la « Direction du commerce et de l'industrie » travaillait à renseigner commercialement la France sur l'Alsace et la Lorraine et réciproquement. Au cours de l'été 1919, avec le concours de l'Office national du commerce extérieur et de l'Association française d'expansion économique, fut organisé un service spécial d'information sur la production de la France et des colonies.

Cette même direction assura le fonctionnement de la Commission dite « des dérogations » qui, réorganisée à partir du 1er juin 1919, avait pour tâche d'instituer et de faire respecter les règles applicables aux exportations de marchandises à destination de la rive droite du Rhin et aux importations en provenant. Les principes que mit en pratique cette commission se résumeraient assez exactement ainsi : ne pouvaient être importées d'Allemagne sans autorisation spéciale que les matières premières et l'outillage nécessaires au fonctionnement des usines; ne pouvaient être exportées en Allemagne que les matières ou marchandises dont l'exportation n'entraînait aucune gêne pour l'industrie et le commerce français. La Commission des dérogations fit en somme l'office d'un organe régulateur concourant à maintenir ou à rétablir l'activité normale de l'industrie et du commerce.

.

Reconstitution des régions dévastées. — Ce retour de l'Alsace et de la Lorraine à un état économique normal ne pouvait se concevoir sans la reconstitution des régions que la guerre y avait dévastées.

Dès le 9 avril 1919, le Commissaire général visitait une partie de ces régions, les vallées de Munster et de Guebwiller. Dès le 11 avril, le Service des

Travaux de reconstitution était créé; et celui des Dommages de guerre y était rattaché le 7 juin 1919. L'idée qui présida à cette réorganisation fut que les sinistrés intéressés n'eussent désormais à saisir de leurs réclamations qu'un seul service; il consistait en une direction principale qui commandait à trois directions départementales (Colmar, Strasbourg et Metz), subdivisées elles-mêmes en zones, annexes et secteurs, le directeur assurant, au point de vue technique comme au point de vue administratif, l'unité d'action et ayant tous pouvoirs dans les zones dévastées, pour prendre les mesures propres à hâter leur retour à la vie normale. A tous les degrés de la hiérarchie, les fonctionnaires du service, recrutés parmi des techniciens démobilisés ou disponibles, devaient se tenir en liaison constante avec les populations sinistrées.

Pour se représenter l'importance de la tâche incombant à ce service, il suffit de considérer que, dans le Haut-Rhin et le Bas-Rhin, la dévastation s'étendait sur 77.000 hectares, avec 138 localités, 14.145 immeubles totalement ou partiellement démolis et 135 usines détruites ; dans la Moselle, sur 15.000 hectares avec 107 localités, 4.084 immeubles totalement ou partiellement démolis et 15 usines détruites. La valeur des dommages s'élevait approximativement à près de 2 milliards, dont 400 millions pour les dégâts industriels.

Quelques chiffres, pris à titre d'exemples, donneront la mesure des résultats obtenus par le Service de la reconstitution : au 1er juin 1920, le sol (prairies et terres cultivables), grâce aux efforts de 7.000 ouvriers, avait été remis en état à concurrence de 39.000 hectares pour l'Alsace, et de 10.000 pour la Lorraine. A la même date, 224 villages étaient en cours de relèvement, 4.678 maisons en cours de réparation, 1.044 réparées ou reconstruites, sans parler des travaux faits par l'initiative privée. Au 1er avril 1920, 17 filatures et tissages et 1 fabrique de produits chimiques, dont le relèvement avait été confié au Service de la reconstitution, se trouvaient en état de marche. Les industriels sinistrés avaient entrepris eux-mêmes la restauration des autres usines, dont, au 1er juin 1920, 50 étaient reconstituées, et 100 autres en cours de reconstruction.

⁎

Chemins de fer. — La remise, aussi rapide que possible, en état de fonctionnement normal du réseau ferré d'Alsace et de Lorraine, était une des conditions essentielles du retour des territoires recouvrés à la prospérité économique; aussi, dès novembre 1918, une commission de chemins de fer de campagne abordait-elle cette tâche. Quelques mois plus tard (arrêté du 1er juin 1919), le Président du Conseil rattachait à l'administration générale des territoires d'Alsace et de Lorraine ce réseau, que le Commissaire général dotait bientôt d'un statut conforme, dans ses grandes lignes, à celui des chemins de fer de l'État français (arrêté du 19 juin 1919).

Le réseau alsacien et lorrain, qui comptait 1.970 kilomètres (¹), avait été gravement détérioré pendant la guerre, notamment en ce qui concernait, dans la zone de l'ancien front des armées, les principales lignes de communication avec la France. La réfection de plusieurs travaux d'art importants s'imposait. Le matériel roulant livré par les Allemands était fort délabré et incomplet. Le coefficient d'immobilisation des locomotives atteignait 51 %.

Les travaux de remise en état du réseau furent activement poussés : à la fin de 1919, la majeure partie du programme de restauration, notamment la reconstruction des viaducs de Badricourt et de la Largue, était exécutée. Le parc de matériel roulant avait été rapidement complété, le coefficient d'immobilisation des locomotives notablement abaissé et la construction de grands ateliers de chaudronnerie à Montigny et à Bischheim, mise à l'étude en vue d'une exécution d'urgence, qui se poursuivit en 1920.

Quant à l'exploitation, l'organisation du transport des marchandises, telle qu'elle existait avant la guerre, fut complètement modifiée, puisqu'à un trafic vers l'Allemagne, désormais très réduit, il s'agissait de substituer un trafic intense en provenance ou à destination de la France. On jugera de l'effort à ses résultats : le tonnage des marchandises transportées, qui était tombé à 535.000 tonnes en décembre 1918, atteignait, en décembre 1919,

---

1. Sans compter 37 kilomètres en territoire sarrois et les 213 kilomètres du réseau Guillaume-Luxembourg.

2.377.000 tonnes; et les recettes correspondantes passaient de 2.393.000 à 12.435.405 francs (¹).

Ce n'était pas assez de rétablir les voies ferrées dans leur état d'avant-guerre : il y avait un intérêt tout ensemble régional et national à créer à travers les Vosges, entre les territoires recouvrés et le reste de la France, les communications projetées, dès avant 1870 et dont la guerre, puis la résistance obstinée de l'Allemagne, avaient empêché la réalisation. On se souvient en effet, que, par décret du 3 août 1870, avait été accordée à la Compagnie de l'Est la concession définitive du raccordement Bussang-Krut-Wesserling, destiné à mettre Remiremont en relations directes avec Colmar et Mulhouse. En 1904, Saint-Dié et Sainte-Marie-aux-Mines avaient fait de vains efforts pour être reliées par une voie ferrée nouvelle. En 1907, la Société Industrielle de Mulhouse tenta, sans plus de succès, de ressusciter le projet de raccordement Bussang-Wesserling. 150 kilomètres de montagne, qu'aucune voie ferrée ne franchissait, s'étendaient donc en 1919 entre

1. Ce n'est pas à dire que l'exploitation du réseau soit ainsi devenue rémunératrice ; l'énorme hausse des prix y mit obstacle. Mais, du temps allemand, elle ne l'était guère non plus, contrairement à une opinion communément répandue : sur 41 années écoulées, de 1872 à 1913, le produit net par rapport au capital d'établissement a été : pour 10 années, inférieur à 3 °/₀ ; pour 10 années, compris entre 3 °/₀ et 4 °/₀ ; pour 18 années, compris entre 4 °/₀ et 5 °/₀ ; pour 2 années, compris entre 5 °/₀ et 6 °/₀, et pour 1 année, supérieur à 6 °/₀. Donc, ce produit net a été, en somme, insuffisant pour couvrir l'intérêt et l'amortissement des dépenses d'établissement.

les tunnels de Saverne et la trouée de Belfort.

Le Commissaire général fit, sans retard, reprendre par la Direction des Travaux publics l'étude des divers projets de percée des Vosges; dès le 14 juin 1919, il ordonnait l'ouverture de l'enquête d'utilité publique pour la ligne de Saint-Maurice à Wesserling ,et le 20 septembre prenait l'arrêté déclarant d'utilité publique les travaux de cette ligne ; entre temps, le 9 août 1919, la Chambre des députés avait adopté le projet de loi portant semblable déclaration pour la portion de la ligne comprise dans le département des Vosges (¹).

A la même date, elle votait également cette déclaration pour le raccordement Saint-Dié à Saales (²), presque entièrement compris dans ce département, et le Commissaire général approuvait l'avant-projet des rectifications complémentaires à exécuter entre Saales et Molsheim.

Quant à la question dite de la percée « médiane » des Vosges, pour laquelle il n'était pas proposé moins de cinq solutions différentes, elle fut étudiée tant par les services techniques que par le Conseil supérieur d'Alsace et de Lorraine. La section permanente de cette assemblée tint, le 29 juillet 1919, à Strasbourg, une conférence avec des représentants du Conseil général des Vosges et des principales villes

1. L'exécution, qui comportera un tunnel de 8 kil. 200, est confiée à la Compagnie de l'Est.

2. Les travaux de cette ligne, commencés lors de l'armistice par le génie militaire, ont été repris et poursuivis sans interruption par la Compagnie de l'Est.

d'Alsace intéressées, afin de délibérer sur ces multiples projets. A la presque unanimité de cette conférence, et à l'unanimité du Conseil supérieur, les percées « Saint-Dié-Sainte-Marie-aux-Mines » et « La Bresse-Metzeral » furent indiquées comme devant être, à égalité, placées en première ligne tant pour leur utilité que pour leur urgence.

L'amélioration des relations entre le bassin de la Sarre et la région Nancy-Toul fit l'objet d'un projet dont le Parlement fut saisi.

.·.

Voies navigables. Le Rhin. Le port de Strasbourg-Kehl. — En même temps qu'étaient préparées ces améliorations du réseau des voies ferrées, la Direction générale des Travaux publics poursuivait la remise en état des voies navigables et l'étude de leur développement.

Après un examen rapide, le plus urgent des travaux ainsi envisagés et le plus immédiatement réalisable fut aussitôt entrepris (février 1919) : la mise au gabarit normal du canal du Rhône au Rhin sur les 32 kilomètres de son parcours situés en territoire alsacien; au fur et à mesure que l'étude avançait, l'exécution immédiatement suivait, si bien qu'elle fut complètement achevée dès les premiers mois de 1920.

Les travaux commencés par l'administration allemande pour la mise au gabarit normal du canal de

Huningue et la construction d'un quai à Huningue furent continués.

L'on mit à l'étude le prolongement de la canalisation de la Moselle de Metz à Thionville, avec embranchements sur Hayange et Moyeuvre, et l'amélioration (doublement des écluses) du canal des houillères de la Sarre et du canal de la Marne au Rhin.

Enfin l'on aborda les deux œuvres économiques qui, dans cette matière des voies navigables, dominaient toutes les autres de leur importance capitale : l'aménagement du Rhin, au double point de vue de la navigation et de la force motrice, et l'extension du port de Strasbourg.

« Il va de soi, — disait le Commissaire général en octobre 1919, — qu'il faut considérer la formidable réserve de force hydraulique qu'est le Rhin. Ce fleuve magnifique, avec son courant impétueux, son formidable débit à la minute, est un incomparable producteur de force motrice. Mes services ont donc mis à l'étude cette importante question des forces motrices du Rhin : nous n'avons pas le droit, à l'heure des menaçantes crises de charbon qui s'annoncent, de laisser perdre un kilowatt de force hydraulique. Or le Rhin peut nous donner 600.000 chevaux. Je m'appliquerai personnellement à ce que cette richesse française, fruit de notre victoire, soit mise rapidement en exploitation. »

L'idée d'utiliser la force motrice du Rhin remontait à 1902; mais le grand-duché de Bade, redoutant pour ses propres établissements de force motrice la concurrence de semblables installations en Alsace, en avait toujours empêché la création.

Cette utilisation du Rhin entre Strasbourg et Bâle, tant pour la navigation que comme source d'énergie, comportait la construction d'un canal latéral du Rhin de Huningue à Strasbourg et, tout d'abord, celle d'un premier tronçon, de 9 kilomètres, entre Huningue et Kembs, avec barrage et usine hydro-électrique dont le débit pourrait atteindre 82.000 chevaux. Ce premier tronçon était exécutable en cinq années. Une Société dite « des Forces motrices du Haut-Rhin » s'était constituée pour en obtenir la concession. Le 8 juillet 1919, le Commissaire général prescrivait des enquêtes et conférences préliminaires.

Dans son ensemble, le programme d'aménagement du Rhin doterait la navigation entre Huningue et Strasbourg, d'un large canal de 6 à 7 mètres de profondeur, avec écluses de 170 mètres de long et 25 mètres de large, accessibles aux convois de bateaux qui, remontant le Rhin de Mannheim à Strasbourg, ne peuvent actuellement poursuivre leur route jusqu'à Bâle, que durant des périodes très courtes de l'année et après des allégements notables.

Quant à la question du port de Strasbourg, elle apparaît dès l'abord dans toute son importance, si l'on songe qu'en 1913 le trafic total de ce port, — de création relativement récente pourtant (¹), — repré-

----

1. Le port dit de la porte d'Austerlitz, sur le canal de jonction qui relie entre eux et avec le Rhin les deux canaux de la Marne au Rhin et du Rhône au Rhin, remonte à 1892; le port du Rhin a été ouvert au trafic en 1901.

sentait 1.989.000 tonnes, soit l'équivalent de Calais ou de Dunkerque.

Mais, sur la rive badoise, en face de Strasbourg, Kehl, depuis 1897, avait aussi son port, pourvu d'un puissant outillage, et auquel l'empire allemand ne ménageait pas son appui politique et économique.

Pour prévenir les périls d'une rivalité croissante entre les deux ports, le Commissaire général provoqua un examen sur place de leur situation respective par M. Loucheur, ministre de la Reconstitution industrielle, et par plusieurs des membres de la section économique près la Conférence de la Paix (28 avril 1919); le résultat de cette initiative fut l'article 65 du traité de Versailles : cette disposition réunit les deux ports en un organisme unique, administré par un directeur français que nomme la Commission centrale du Rhin, et qui a la police de l'exploitation et de la navigation, ainsi que le contrôle sur toutes les opérations de gestion des chemins de fer allemands, propriétaires du port de Kehl.

Mais la prospérité et le développement du port de Strasbourg exigeaient d'autres mesures, dont le Commissaire général poursuivit activement la réalisation. L'application pure et simple de notre régime douanier et des dispositions prises dans la loi du 11 janvier 1892 (art. 2) pour la protection de nos ports maritimes nationaux, eût soumis les marchandises arrivant à Strasbourg par Anvers et la voie du Rhin, aux surtaxes dites d'entrepôt et d'origine, dont le poids très lourd eût entravé ces transports. Un décret du 23 décembre 1919 les exempta de ces surtaxes, assimilant ainsi le port de Strasbourg à nos ports maritimes et fluviaux et le traitant comme s'il recevait ces marchandises en droiture du lieu d'expédition. Le même décret avait, au point de vue douanier, cette conséquence, que certaines marchandises de provenance française, — telles que vins de Bordeaux et d'Algérie, phosphates tunisiens, — si elles étaient acheminées sur Strasbourg par la mer et le Rhin, étaient néanmoins traitées comme ayant pris une voie entièrement française.

Divers travaux d'aménagement du port de Strasbourg furent préparés ou entrepris dès l'année 1919, tels que l'amélioration de l'entrée du port et celle du canal de jonction, l'extension de la gare de triage, enfin l'extension du port même prévue par le traité de paix. Le Commissaire général veilla également à ce que la Direction des ports de Strasbourg-Kehl s'employât à la mise à exécution des clauses du traité assurant la cession à la France du matériel allemand de navigation sur le Rhin.

Si la situation économique générale n'a pas permis au trafic du port de Strasbourg d'atteindre, dès l'année qui suivit l'armistice, le niveau auquel il s'élevait avant la guerre, l'on a pu du moins constater qu'il progressait rapidement : de 1.055.000 tonnes en 1919, il est passé à 1.460.000 tonnes en 1920.

Mines. — Parmi les richesses naturelles de l'Alsace et de la Lorraine, les plus précieuses, celles de son sous-sol, — mines de fer, de houille, de sel, de potasse, gisements de pétrole, — avaient, dès le lendemain de l'armistice, fait l'objet des mesures de conservation indispensables. Fin janvier 1919, toutes celles qui étaient propriété allemande se trouvaient sous séquestre, avec un officier technicien à la tête de chacune d'elles.

Ce régime du séquestre, en raison même de son caractère provisoire, était peu favorable à la reprise de l'activité de ces exploitations. Nous aurons à indiquer ce que fit le Commissaire général pour en abréger la durée.

Notons seulement ici que, malgré les difficultés qui marquèrent cette période transitoire, les résultats obtenus furent satisfaisants : dans les mines de fer, grâce au Service des mines qui avait assumé la direction de l'ensemble des exploitations séquestrées, la production fut suffisante pour alimenter les usines encore en marche et pour permettre l'exportation du minerai de fer en Belgique, dans la Sarre et en Allemagne. Dans les houillères, les efforts communs du Service des mines et des exploitants firent progresser le rendement net de 192.766 tonnes (en décembre 1918) à 270.080 tonnes (en décembre 1919); il devait atteindre 317.420 tonnes en décembre 1920.

Quant aux mines de potasse, l'écoulement de leur production fut organisée et facili'4e par un « bureau de vente » des potasses, que créa le Service des mines; l'extraction progressa très rapidement : dès l'année 1919, elle atteignit, pour les mines sous séquestre (¹), 503.000 tonnes, dépassant ainsi de 69 °/₀ le chiffre obtenu durant la dernière année qui précéda la guerre; elle devait atteindre, en 1920, 1.067.279 tonnes, soit une augmentation de 249 °/₀ par rapport à cette même année.

En somme, les résultats de l'exploitation des mines d'Alsace et de Lorraine durant la période qui a suivi la guerre ont été satisfaisants : les provinces recouvrées furent, à cet égard, beaucoup moins éprouvées que la France, l'Angleterre ou l'Allemagne, et leur situation peut se comparer à celle de la Belgique.

∴

Agriculture. Forêts. — Les services administratifs de l'agriculture, constitués en Direction de l'Agriculture à partir du 20 avril 1919, s'employèrent avant tout à venir en aide aux cultivateurs alsaciens et lorrains dont beaucoup, par suite de la guerre, se trouvaient dépourvus des ressources nécessaires pour mettre leurs terres en état de culture. Avec la collaboration de l'Association centrale des comices agricoles d'Alsace et de Lorraine, l'Administration leur fournit les moyens de procéder aux ensemencements dans des conditions sinon normales, du moins très satisfaisantes.

L'enseignement agricole fut rapidement recou-

1. C'est-à-dire non compris la mine Sainte-Thérèse, qui n'appartenait pas à des Allemands.

stitué. Le nombre des professeurs d'agriculture fut porté de neuf à seize, et ces nominations exclusivement faites parmi le personnel local, parlant les deux langues. En même temps qu'ils remplissaient le rôle de véritables missionnaires agricoles, ces professeurs dirigeaient les écoles d'agriculture d'hiver destinées à donner aux fils des cultivateurs l'enseignement théorique dont ils ont besoin; dès la session 1919-1920, treize de ces écoles étaient en pleine activité.

L'Ecole d'agriculture de Rouffach, dotée d'un nouveau personnel enseignant, fut remise en état de fonctionner normalement; dès l'année 1919-1920, elle comptait 108 élèves ('). En Lorraine, l'Ecole d'agriculture de Château-Salins, fermée pendant la guerre et fort endommagée par les bombardements, était restaurée et rouvrait en octobre 1919.

Les stations agronomiques de Colmar et de Metz furent entièrement réorganisées et pourvues d'un personnel de choix. L'Institut viticole Oberlin, en Alsace, et l'Institut viticole de Laquenexy, en Lorraine, furent subventionnés et soutenus de toutes manières (').

Pour favoriser la reconstitution du cheptel et permettre la distribution de subventions aux socié-

1. Elle en avait compté 166 avant la guerre, lors de sa plus grande prospérité; ce chiffre était tombé à 20 ou 30 pendant la guerre.

2. Les divers établissements agricoles que nous venons d'énumérer avaient reçu en 1918 des subventions s'élevant au total à 457.600 fr.; de l'armistice au 1er février 1920, ils se sont vu attribuer 412.800 fr.

tés d'élevage, le Commissaire général autorisa l'emploi d'une somme d'un million (¹).

Enfin, les comices, sociétés et syndicats agricoles d'Alsace et de Lorraine, organisations puissantes et actives, avec lesquelles la Direction de l'Agriculture se tenait en contact permanent, se virent encouragés par des subventions dans beaucoup de cas plus élevées qu'avant la guerre (²).

Dans le même temps, l'Administration forestière prenait en main la conservation et l'exploitation de l'immense domaine forestier d'Alsace et de Lorraine (³), heureusement ménagé par les Allemands pendant la guerre. Et, la hausse des bois aidant, le rendement en argent de cette exploitation, qui avait été, en 1913, de 5.756.000 francs, atteignait, en 1919, le quintuple de cette somme, soit 28.750.000 francs.

.·.

A ce rapide aperçu des efforts de l'Administration d'Alsace et de Lorraine pour accélérer et soutenir dans tous les domaines la reprise de l'activité éco-

1. Prélevée sur les six millions environ d'économies de gestion qu'avait réalisés pendant la guerre le Service du ravitaillement en viandes fonctionnant en Alsace-Lorraine.

2. En 1919, ils avaient reçu des subventions s'élevant au total de 305.085 fr.; de l'armistice au 1ᵉʳ avril 1920, ils ont reçu 1.158.135 fr.

3. Les forêts occupent près du tiers du territoire de l'Alsace et de la Lorraine, soit 440.000 hectares sur 1.450.000, proportion sensiblement plus élevée que dans le reste de la France, où le taux de boisement est de moins d'un cinquième.

nomique, on reconnaîtra que le mot d'ordre donné par le Commissaire général était bien celui que, dans son discours du 19 juillet 1919 à l'inauguration de l'Exposition nationale de Strasbourg ([1]), il rappelait en ces termes : « Le devoir des pouvoirs publics est de ne rien négliger pour permettre à nos laborieux compatriotes de porter au maximum le rendement de leur industrie... »

Cette exposition même, ouverte huit mois après l'armistice, témoignait tout ensemble de la hâte amicale et réciproque qu'avaient à se rencontrer pour se mieux connaître les artisans du progrès économique de part et d'autre des Vosges, et de la confiance que le Commissaire général, fort de l'expérience commencée, affirmait en ces termes : « L'avenir économique de l'Alsace et de la Lorraine sera ce que nous voudrons. »

1. Voir ce discours, page 161.

IV

TRAVAIL. LEGISLATION OUVRIÈRE
ASSURANCES SOCIALES

La création, dans les cadres nouveaux de l'administration de l'Alsace et de la Lorraine, d'une Direction du Travail, de la Législation ouvrière et des Assurances sociales, témoignait assez par elle-même de l'importance essentielle que ces questions avaient aux yeux du Commissaire général. Elle marquait d'autant mieux cette importance, qu'aucune organisation analogue groupant l'ensemble des services qui intéressent le travailleur ne préexistait, au temps de la domination allemande.

La Direction du Travail allait avoir à accomplir une première tâche : réaliser l'adaptation entre la législation et la réglementation françaises et celles que nous trouvions en vigueur; il ne s'agissait pas d'une substitution pure et simple, mais d'un amalgame où serait conservé du régime local tout ce qui méritait d'en être respecté. Il ne s'agissait pas davantage de procéder par voie d'autorité, mais au contraire de ne statuer qu'après en avoir délibéré avec les organisations patronales et ouvrières, et, autant que possible, d'accord avec elles.

Une autre tâche incombait à la Direction du Travail : celle de seconder, d'un effort constant, la reprise de l'activité économique, en tant qu'elle dépendait des conditions du travail et de la bonne harmonie entre employeurs et employés.

Rappelons comment elle s'acquitta de cette double tâche dans les domaines de l'organisation du travail, de la réglementation du travail, de l'assurance et de la prévoyance sociales.

* *

Organisation du travail. — Dans l'organisation du travail, le problème de la main-d'œuvre s'offrait d'abord, avec des difficultés particulières : la succession brusque de l'état de paix à l'état de guerre avait provoqué un chômage exceptionnel, résultat commun de la démobilisation, de la crise des matières premières, de la destruction d'établissements industriels, de la lenteur relative avec laquelle reprenait la vie économique. Secours de chômage et « ateliers publics pour chômeurs » n'étaient que des palliatifs provisoires et onéreux. Dès le mois de mai 1919, la Direction du Travail établissait le programme rationnel suivant : 1° les chômeurs ayant une profession seraient réintégrés dans leurs métiers respectifs; 2° aux travaux de pure assistance seraient substitués des travaux de type industriel; 3° aux rémunérations ayant le caractère de secours, des salaires correspondant à un travail effectif et productif; 4° il serait cherché pour les chômeurs d'Alsace et de Lorraine des emplois dans les régions de la France dépourvues de main-d'œuvre, notamment sur les chantiers des départements dévastés; et ces chantiers seraient inspectés, afin que des conditions de travail satisfaisantes y fussent assurées aux ouvriers. L'application de cette méthode a contribué, à la longue, à ramener à quelques centaines le nombre des chômeurs qui primitivement se comptaient par milliers.

Le bon fonctionnement des offices de placement et notamment de l'Office régional d'Alsace et de Lorraine, soutenus par la Direction du Travail, fut un des facteurs de ce résultat. En 1919, ces offices réalisèrent 66.281 placements; le rapport entre les placements effectués et les demandes d'emploi fut de 26,03 % pour le mois de décembre 1919.

Dans le domaine des conventions relatives au travail, il apparut aussitôt qu'en matière d'apprentissage la législation locale était bien supérieure à la nôtre, vieille de soixante-dix ans et qu'il n'y avait donc nulle raison d'introduire en Alsace et en Lorraine, pas plus qu'il ne convenait de porter la main sur une organisation aussi favorable à la formation et à la protection des apprentis que la « Chambre de Métiers » de Strasbourg. Bien au contraire, le Commissaire général témoigna à plusieurs reprises de l'intérêt que méritait cette institution, ainsi que nous aurons à l'indiquer en rappelant les services qu'elle rend à l'enseignement technique.

Quant au contrat de travail, en raison de l'étroite corrélation des textes qui le gouvernent avec l'ensemble de notre législation civile et commerciale, il convenait d'attendre, pour les déclarer applicables en Alsace et en Lorraine, que notre Code civil et notre Code de commerce y fussent introduits. Par contre, rien ne s'opposait à la mise en vigueur, dans l'intérêt des ouvriers, des décrets du 10 août 1899 sur les conditions du travail dans les marchés passés au nom de l'État, des départements ou des communes ; le Commissaire général la réalisa par arrêtés des 28 septembre et 25 novembre 1919, qui complétaient sur certains points les décrets : c'est ainsi qu'il était fait une obligation au titulaire du marché de s'engager, en cas de différend collectif, à se soumettre à une procédure de conciliation ou d'arbitrage, ses ouvriers ou employés prenant de leur côté le même engagement.

D'une manière générale, la Direction du Travail, conformément aux instructions du Commissaire général, s'appliqua à suivre de près tous les mouvements ouvriers en Alsace et en Lorraine, soit pour essayer de prévenir les différends collectifs, soit pour en hâter le règlement quand ils déterminaient une grève, comme il advint à plusieurs reprises en 1919 (grève des mines de potasse, grève de Mulhouse, grève des chemins de fer, grèves minières et métallurgiques de Lorraine). C'est ainsi que la grève des mines de potasse prit fin en vertu d'un accord signé le 1ᵉʳ septembre 1919 par les intéressés en présence du Directeur du travail. Celle de Mulhouse s'était achevée par une sentence que rendit, le 18 août 1919, le Commissaire général, choisi comme arbitre. Celle des chemins de fer se termina aussi sur son intervention ; aux délégués de l'Union des cheminots d'Alsace et de Lorraine, qu'il recevait à cette occasion, le 12 septembre 1919, il déclarait : « A mon avis, tous les litiges et conflits naissant entre les administrations et leur personnel, entre employeurs et employés, peuvent être réglés à l'amiable, si la bonne volonté existe des deux côtés et si l'on s'inspire toujours des intérêts supérieurs de la collectivité. » A la Chambre, il tenait peu après (séance du 4 octobre 1919) le même langage : « Il est, — disait-il, — une conception qui a été violemment attaquée et à laquelle je tiens aujourd'hui peut-être plus que jamais : c'est celle de l'arbitrage dans les grèves. Je persiste à penser que l'arbitrage, excellent et nécessaire entre les nations, n'est pas mauvais entre des citoyens qui ont des litiges à trancher. Je crois surtout qu'il est excellent dans les cas trop fréquents où les difficultés soulevées risquent de mettre en péril, avec l'intérêt du personnel et celui de l'exploitant, l'intérêt du public qui, sans avoir pris parti dans la querelle, en est cependant victime. »

En matière d'associations professionnelles et ouvrières, la législation locale, qui reconnaissait aux syndicats ouvriers le droit de se constituer librement, ne leur conférait, par contre, aucune personnalité civile. Il y avait donc grand intérêt à introduire la loi française de 1884, — ce qui fut fait par décret du 3 décembre 1919. On laissa d'ailleurs subsister le régime local en tant qu'il concernait les corporations d'artisans ou « Innungen », institutions particulières à l'Alsace et à la Lorraine.

Par deux mesures, le Commissaire général favorisa le développement des sociétés coopératives de consommation : l'une (arrêté du 17 juillet 1919), — dont nous avons signalé l'intérêt à propos de la lutte contre la cherté de la vie — autorisa ces sociétés à vendre au public, — ce que leur interdisait la législation allemande; l'autre (arrêtés des 26 juillet et 10 août 1919) organisa le crédit aux sociétés coopératives de consommation d'Alsace et de Lorraine, en instituant un fonds de dotation sur lequel des avances remboursables importantes leur sont consenties.

Soucieux de maintenir à jour l'information statistique et démographique concernant les territoires recouvrés, le Commissaire général réorganisa (décision du 14 mars 1919 et arrêté du 18 août 1919) et pourvut d'un personnel nouveau l' « Office de Statistique d'Alsace et de Lorraine », qui pourrait devenir le type de ces offices de statistique régionaux dont la nécessité est reconnue.

Réglementation du travail. — Dans la matière de la réglementation du travail, l'introduction en Alsace et en Lorraine de notre législation protectrice des travailleurs exigea une longue et minutieuse étude comparée des dispositions de la « Gewerbeordnung » que nous trouvions en vigueur. Sans entrer dans le détail, rappelons qu'il parut nécessaire d'appliquer au plus tôt, comme réalisant un progrès manifeste sur le droit local, celles de nos lois qui avaient été récemment votées, par exemple la loi du 23 avril 1919 sur la journée de 8 heures et celle du 24 juin 1919 sur la durée du travail dans les mines; il va de soi que les précautions nécessaires furent prises et qu'en particulier les mesures d'adaptation de la loi des 8 heures aux conditions locales ou régionales firent l'objet de délibérations avec les représentants des organisations patronales et ouvrières. De même à la réglementation locale, compliquée et confuse, en matière d'hygiène et de sécurité du travail, a été substituée notre réglementation française, plus simple, mieux ordonnée, plus efficace. De même aussi, à la demande des patrons comme des ouvriers, a été introduite notre législation relative aux délégués à la sécurité des ouvriers mineurs. Enfin, pour faciliter la transition d'un régime à l'autre, nos inspecteurs du travail ont été secondés par des assistants recrutés dans la région et parlant la langue locale.

Assurances sociales. — C'est dans le vaste domaine
de l'assurance et de la prévoyance sociales, que la
population d'Alsace et de Lorraine se montrait, à
juste titre, le plus attachée à la législation locale et
le plus désireuse de la conserver. La supériorité
manifeste de cette législation sur la nôtre détermina
le Commissaire général, peu après son entrée en
fonctions, à affirmer aux intéressés qu'elle serait
maintenue, affirmation qu'à la première assemblée
générale de l'Office général des Assurances sociales,
le 8 mai 1919, il renouvelait en ces termes : « Les
trois branches de vos assurances sociales seront
maintenues intégralement.... Ce que j'ai voulu affirmer pour l'ensemble des travailleurs d'Alsace et de
Lorraine, c'est qu'ils n'ont aucune inquiétude à concevoir sur l'avenir de leurs assurances sociales. La
France républicaine a mis depuis longtemps au premier rang de ses préoccupations la sécurité des travailleurs. Elle entend, en maintenant intégralement
les avantages sociaux assurés aux ouvriers et employés d'Alsace et de Lorraine par la législation
existante, y puiser les éléments susceptibles d'améliorer ses propres lois et procurer ainsi des avantages nouveaux à l'ensemble des travailleurs français. »

Par arrêté du 9 avril 1919, le Commissaire général
créait, pour l'Alsace et la Lorraine, un « Office général des Assurances sociales », investi des attribu-

tions administratives et contentieuses qu'exerçait, sous la domination allemande, l'Office impérial de Berlin. Employeurs et assurés participent au fonctionnement de cette institution. Des arrêtés ultérieurs maintinrent dans les trois départements les « offices supérieurs » et les « offices d'assurance » subordonnés à l'Office général. Tel est dans son ensemble cet organisme autonome, qui réalise la décentralisation administrative, technique et contentieuse des assurances sociales.

L'assurance contre la maladie fut intégralement maintenue, et même élargie pour tenir compte de l'augmentation des salaires.

L'on maintint également l'assurance des invalides et des survivants. Le préjudice que les assurés avaient subi du fait de la guerre fut réparé dans une mesure équitable. La rentrée des cotisations progressa rapidement : dès 1919, elle regagnait le chiffre de 1914, qu'elle a, depuis lors, sensiblement dépassé. La liquidation des rentes se fit régulièrement; et en attendant des mesures définitives, des allocations mensuelles supplémentaires furent attribuées aux assurés en raison de la vie chère.

En ce qui touche l'assurance contre les accidents, les mesures nécessaires (arrêté du 17 juillet 1919) furent prises, conformément au désir des intéressés, pour que le régime local demeurât en vigueur, bien que ses organes fussent désormais coupés des services centraux situés en Allemagne. De même le fonctionnement de l'assurance des employés privés, telle que l'instituait la loi allemande du 20 décembre 1911, fut organisé par arrêté du 15 août 1919, en attendant que le Parlement ait statué sur la matière.

L'état de choses ainsi réalisé n'est naturellement pas définitif; il marque le point de départ d'un acheminement vers un nouveau régime des assurances sociales commun à toute la France, mais qui s'inspirera pour une large part de l'expérience faite à Strasbourg. C'est ce qu'annonçait le Commissaire général, le 13 décembre 1919, alors qu'il présidait pour la seconde fois l'assemblée plénière de l'Office général des Assurances sociales : « A votre première assemblée générale, disait-il, il a été entendu que les assurances sociales, telles qu'elles existent en Alsace et en Lorraine, subsisteraient et que la population ouvrière et laborieuse, qui attache un si grand prix au maintien des dispositions dont elle a apprécié la valeur, pouvait sans inquiétude envisager l'avenir. Je n'ai pas aujourd'hui à réitérer ces déclarations. Elles ont été confirmées par les faits. S'il ne saurait être question de toucher aux assurances sociales d'Alsace et de Lorraine, on ne peut davantage accepter qu'indéfiniment subsiste en Alsace et en Lorraine une législation différente de celle de la France. Il faut arriver à une fusion des deux parties. »

**

Pour achever ce rapide exposé de l'action du Commissaire général en faveur des travailleurs d'Alsace et de Lorraine, nous rappellerons qu'elle fut singu-

lièrement facilitée par l'état d'esprit des travailleurs
eux-mêmes : « La population, — se plaisait-il à
constater, — est laborieuse et active. Elle se rend
compte de l'état inquiétant des finances dans le
monde entier et de la nécessité d'améliorer notre
statut économique national par le travail. Dans les
milieux ouvriers, il existe un sentiment de conscience professionnelle remarquable. » Il observait
encore : « La préoccupation première de tous les
travailleurs d'Alsace et de Lorraine est de ne jamais
blesser le sentiment français. »

V

JUSTICE ET LÉGISLATION

Reconstitution du personnel et des services judiciaires. — Un décret du 30 novembre 1918 avait destitué tous les magistrats d'Alsace et de Lorraine, suspendant *ipso facto* le fonctionnement de la justice.

La remise en marche de ce service essentiel et, par conséquent, la reconstitution de son personnel étaient une tâche de première urgence, — tâche laborieuse et délicate, le nouveau personnel à recruter devant non seulement offrir toutes garanties au point de vue national, mais, autant que possible, connaître les deux droits et les deux langues. Elle fut pourtant menée à bonne fin en l'espace d'une dizaine de mois.

Dès le 2 février 1919, par arrêté du Président du Conseil, la langue française avait été déclarée langue judiciaire, tant devant le tribunal supérieur de

Colmar que devant les tribunaux régionaux, sous la réserve que le président d'audience pourrait, dans certaines conditions, autoriser l'emploi aux débats du dialecte local ou de l'allemand. Il était inévitable que l'observation de cette règle n'allât pas sans certaines difficultés pratiques, dont quelques membres du Conseil supérieur se firent l'écho; mais cette assemblée reconnut, dans sa session d'octobre 1919, que la modération avec laquelle était appliquée cette prescription, les tempéraments qui l'atténuaient, donnaient toute satisfaction, et que le large régime de liberté que la France avait institué sur ce point comme sur tant d'autres, faisait un heureux contraste avec le système rigoriste en vigueur sous l'occupation allemande.

Le service du « Livre Foncier », — institution particulière à l'Alsace et à la Lorraine, dont le fonctionnement s'était trouvé suspendu pour le même motif que celui des autres institutions judiciaires, — rentra en activité dès qu'eurent été recrutés les juges spéciaux qu'il comporte.

Des commissions de cinq membres furent créées auprès de la Direction de la Justice, pour l'étude et la préparation des projets de décrets ou de lois portant introduction de la législation française; c'est ainsi que, dès le 25 novembre 1919, nos lois pénales et d'instruction criminelle ont été déclarées applicables à l'Alsace et à la Lorraine.

Depuis l'armistice, le fonctionnement de la juridiction administrative était interrompu. Dans sa séance du 5 août 1919, le Conseil supérieur fut saisi

par le Commissaire général d'un projet de réorganisation provisoire de cette juridiction où, respectant
la législation locale dans ses traits essentiels, on
réduisait au minimum nécessaire les modifications
touchant soit l'organisation, soit la procédure. Ce
projet est devenu le décret du 26 novembre 1919,
qui substitua aux anciens « conseils de district » un
tribunal administratif unique, avec appel devant le
Conseil d'Etat, et introduisit le recours pour excès
de pouvoir contre les actes des autorités administratives, — garantie inconnue du droit local.

*
* *

Séquestre et liquidation des biens allemands. —
L'un des plus graves problèmes, d'ordre à la fois
économique et judiciaire, que le Commissaire général ait eu à résoudre, fut celui du séquestre et de la
liquidation des biens allemands : « Dès mon arrivée
en Alsace-Lorraine, — exposait-il à la Chambre, —
je n'ai pas eu de peine à m'apercevoir qu'une des
causes du trouble économique qui pesait sur le pays
était la quantité et l'importance des biens allemands
séquestrés; et il m'est apparu tout de suite, qu'il
était de première urgence de soustraire ces biens à
un régime de séquestres sous lequel fatalement se
volatilisait une partie considérable de l'actif alsacien
et lorrain. » Pour se représenter l'ampleur et la
portée économique de cette question, il suffira de
considérer que la valeur approximative des biens
ainsi séquestrés était de l'ordre de un milliard et

demi à deux milliards; qu'ils consistaient pour la presque totalité en grandes usines, établissements métallurgiques et exploitations minières; qu'enfin il convenait de tirer de leur liquidation l'actif le plus élevé possible, puisque cet actif devait être un des éléments du crédit des réparations dues en vertu du traité de paix.

Les inconvénients inhérents au régime du séquestre, en tant qu'il s'applique à de grandes entreprises industrielles, se vérifiaient expérimentalement chaque jour. L'administrateur, séquestre, « obligé, — ainsi que le constatait le Commissaire général, — de s'en tenir à des mesures provisoires et presque à des expédients, faute de fonds de roulement ou des ressources indispensables en personnel, incapable d'exploiter avec des vues d'avenir, par crainte d'engager cet avenir même », ne pouvait être maintenu au delà d'une brève période, sans que la valeur de l'entreprise s'en trouvât gravement atteinte. Le prolongement anormal de la durée des séquestres engendrait même, dans certains cas, des conséquences telles que le maintien sur place d'un personnel allemand, un personnel définitif et stable ne se souciant pas de s'embaucher dans une entreprise dont le sort demeurait incertain.

Dès le 17 avril 1919, le Commissaire général signait un arrêté réglant les conditions de la liquidation des biens, droits et intérêts de toute nature placés sous séquestre. Cette liquidation s'opérerait par la voie judiciaire; mais, dans les cas où l'actif brut à liquider dépasserait 500.000 francs, il ne

pourrait être statué que moyennant l'avis préalable
d'une Commission consultative de cinq membres
nommés par le Commissaire général, et dont deux
représenteraient l'industrie alsacienne et lorraine
et l'industrie française. Cette Commission aurait
d'abord à dresser, par catégorie d'établissements,
un cahier des clauses et conditions générales applicables aux liquidations à intervenir; elle préciserait
en outre, dans chaque cas particulier, les conditions
spéciales à ce cas, apprécierait le mérite des offres
faites, les garanties à exiger des acheteurs au point
de vue tant de la nationalité que de la solvabilité et
de l'aptitude professionnelle. En d'autres termes, au
lieu de mettre purement et simplement aux enchères
et d'adjuger aveuglément au plus offrant, quel qu'il
fût, l'Administration se réservait — et pour cause —
d'étudier de très près les offres faites ainsi que leurs
auteurs, et de procéder par la voie du marché sur
concours. Il était en outre dans ses intentions de
toujours donner, à égalité de valeur d'offres, la pré-
férence aux industriels des régions dévastées de
l'Alsace et de la Lorraine ou du Nord et de l'Est de
la France; comme aussi de n'attribuer qu'à des col-
lectivités les industries ayant appartenu à des col-
lectivités.

Lorsque, au mois d'août 1919, à l'occasion de la
discussion du projet de loi générale sur la liquidation des biens séquestrés, puis en octobre 1919, au
cours des débats sur le régime transitoire de l'Alsace
et de la Lorraine, — fut débattue la question de
savoir si cette loi générale s'étendrait immédia-

tement aux provinces recouvrées, le Commissaire
général indiqua les raisons qui s'y opposaient. Cette
extension eût rendu obligatoire dans tous les cas
le recours à l'adjudication et l'admission de tout
enchérisseur, ne fût-il pas Français. Or, observait
le Commissaire général, « surtout en Alsace et
en Lorraine, il est nécessaire de prendre toutes
précautions contre les personnes interposées... Il
s'est trouvé que, dans nombre de cas, les Allemands
avaient cédé leur propriété à des neutres, Suisses,
Hollandais, etc..., qui étaient des personnes interposées. On va les voir reparaître: ces biens, que
l'industrie française doit prendre en mains, que
l'Alsace et la Lorraine, pour une grande part,
s'attendent à conserver, vous permettrez qu'ils
s'évadent entre des mains étrangères ou hier ennemies? C'est impossible ». Cette impossibilité
apparaissait plus évidente encore, si l'on songeait
que la plupart des entreprises à liquider, — aciéries,
mines de fer, de potasse, de charbon, — étaient de
première importance au point de vue national.
Quant au désir éprouvé par les Alsaciens et les
Lorrains de se les voir attribuer dans une large
mesure, il était d'autant plus légitime, que le régime
allemand avait institué une véritable expropriation
progressive des entreprises alsaciennes et lorraines.
Enfin, les dispositions de l'arrêté du 17 avril et du
cahier des clauses et conditions générales du 23 mai
1919 sauvegardaient complètement les trois intérêts en cause : celui de la nation, celui du personnel de l'établissement et celui de l'exploitant. A

tous ces motifs s'ajoutait la nécessité de ne pas provoquer de nouveaux retards en changeant le mode de liquidation ainsi institué : « Il est bien, — déclarait à la Chambre le Commissaire général, — de chanter l'hymne à la production. Il serait mieux de le réaliser... En ce moment, il y a un besoin urgent, capital, qui, à mon avis, domine tout : celui de travailler et de produire... L'Alsace et la Lorraine brûlent de nous apporter leurs richesses et leur travail, de contribuer pour leur part à panser les plaies de la France. Ne les entravez pas. Aidez-les! » Cette opinion l'emporta; d'heureux résultats s'ensuivirent : la valeur des liquidations réalisées s'élevait déjà, le 1ᵉʳ juillet 1920, à un total de 700 millions.

Cette valeur ne comprenait pas celle des mobiliers allemands séquestrés; en vertu d'une convention du 15 novembre 1919, ils avaient été en effet restitués à leurs propriétaires moyennant le versement par le Gouvernement allemand, à la demande du Commissaire général, d'une somme de vingt-cinq millions de francs destinée à indemniser les proscrits que ce Gouvernement avait exilés d'Alsace et de Lorraine.

BEAUX-ARTS

En même temps que le patrimoine économique de l'Alsace et de la Lorraine, le Commissaire général avait à sauvegarder leurs richesses artistiques ou historiques.

La protection et la conservation de ces richesses fut une des premières tâches auxquelles se voua le service de la Direction des Beaux-Arts. Un arrêté du 20 juin 1919 déclarait la loi du 31 décembre 1913 sur la conservation des monuments historiques applicable aux provinces recouvrées: il visait expressément, parmi tous ceux dont la conservation présentait un intérêt public, ces portions du sol national que les combats de la grande guerre venaient de faire entrer dans l'histoire. Ainsi furent prises les mesures nécessaires pour préserver des profanations les champs de bataille tel que l'Hartmannswillerkopf, le Linge, la Tête des Faux, ou certains emplacements mémorables comme les plates-formes des pièces à longue portée qui tiraient l'une, de Zillisheim (Haut-Rhin) sur Belfort, l'autre de Hampont (Moselle) sur Nancy.

Aux monuments d'Alsace et de Lorraine d'ores et déjà classés, il convenait d'en ajouter beaucoup d'autres, dont certains avaient été systématiquement omis par les autorités allemandes en raison de leur caractère français : c'est ainsi que dans le classement furent compris le château des Rohan à Strasbourg, le cloître des Unterlinden à Colmar, la porte de Thann à Cernay, les remparts de Rosheim, etc... L'Administration française reprit, pour le poursuivre et l'achever, l'inventaire général à peine commencé des richesses monumentales de la région.

Entre tous les édifices à la sauvegarde desquels elle veilla, la cathédrale de Strasbourg fut l'objet de l'attention la plus vigilante et la continuation des travaux de restauration entrepris sous l'administration allemande assurée dans les meilleures conditions.

Le souci qu'avait l'Administration française de favoriser l'enseignement de l'art musical fut marqué, par la réorganisation complète du Conservatoire de Strasbourg, par la valeur des maîtres qui y furent appelés, et par l'affectation à cet établissement de l'un des palais les plus importants de la ville, celui qu'avait occupé le Landtag.

En instituant un service d'architecture spécialement chargé des travaux à effectuer dans l'Université de Strasbourg, le Commissaire général montrait quelle importance il attachait à l'accomplissement de cette tâche. Le programme de ces travaux, par son ampleur même, révélait tout ensemble les besoins de l'Université et le souci d'en assurer largement la satisfaction. Des nécessités d'ordre financier en ont ralenti l'exécution.

Il était essentiel de faire revivre dans la mémoire des Alsaciens et des Lorrains le souvenir des traditions artistiques françaises et de leurs propres traditions locales dont, sous l'influence germanique, l'on s'était, en architecture surtout, fâcheusement écarté. La Direction des Beaux-Arts se préoccupa donc de faire en sorte que fût peu à peu comblée, par les soins de nos musées nationaux, la grave lacune que présentaient, quant à l'art français moderne et contemporain, les collections des musées alsaciens. La création à Strasbourg d'une école régionale d'architecture, — telles que celles qui existent à Lille, Lyon, Rennes, Rouen et Marseille, — fut mise à l'étude : elle a été depuis lors réalisée.

VII

CULTES

A Strasbourg comme à Metz, dès la première heure, renouvelant les assurances qu'avaient données avant lui le Président de la République, le Président du Conseil et le maréchal Joffre, le Commissaire général s'était porté garant qu'en matière religieuse, comme en tout autre, le retour du régime français signifiait respect et liberté : « Peu à peu, — avait-il dit, — l'Alsace et la Lorraine entreront dans toutes les formes de la législation française. Pour le moment, le Concordat continue ». Devant les Commissions de la Chambre et du Sénat, s'expliquant sur les questions culturelles, il renouvelait la déclaration que, jusqu'au jour où, les représentants de l'Alsace et de la Lorraine siégeant au Parlement, le Parlement en aurait décidé autrement, le *statu quo* ne serait pas modifié.

L'occasion se présenta bientôt de faire application

du régime religieux ainsi maintenu. Les deux évêques allemands de Strasbourg et de Metz étant démissionnaires, il y avait lieu de pourvoir à leur remplacement. Par décrets du 23 avril 1919, l'autorité civile nomma deux évêques français, qui, selon la loi du 18 germinal an X, durent se mettre en instance auprès du Saint-Siège pour obtenir leurs bulles d'institution canonique. Le Saint-Siège crut devoir attendre, pour accepter la démission des évêques allemands, la ratification du Traité de paix; puis les bulles portant l'institution des nouveaux évêques furent délivrées, examinées en Conseil d'État et suivies de deux nouveaux décrets, en date du 27 septembre 1919, les évêques ne pouvant entrer en fonctions qu'après avoir, selon les termes des articles organiques, « pris l'attache du Gouvernement ».

Le maintien de la Faculté de théologie catholique de l'Université de Strasbourg montra par un autre exemple que l'autorité française considérait comme toujours en vigueur l'ensemble des lois et conventions qui régissaient le culte catholique au moment où la France avait repris possession de l'Alsace et de la Lorraine. Cette Faculté avait été créée le 5 décembre 1902 par un acte additionnel au Concordat de Napoléon. Conçue d'abord par le Gouvernement allemand comme un instrument de germanisation, elle n'en contribua pas moins à relever notablement le niveau des études et de la culture dans le clergé alsacien par la supériorité de ses méthodes sur la méthode scolastique en usage dans les séminaires.

Il était permis de penser que si, dans l'Alsace redevenue française, de nouveaux maîtres, par la valeur de leur enseignement, assuraient à cette Faculté une renommée digne de l'Université dont elle faisait partie, l'influence française dans les pays catholiques environnants en serait renforcée. Il n'était pas sans importance à cet égard que Strasbourg pût accueillir et former des centaines d'étudiants en théologie, et couronner par une préparation scientifique l'éducation spirituelle qu'ils auraient reçue dans les séminaires. L'intérêt français était donc d'accord avec les lois et conventions en vigueur en Alsace et en Lorraine pour conseiller le maintien à l'Université de Strasbourg d'une Faculté de théologie catholique, de même qu'elle comportait une Faculté de théologie protestante.

D'autres problèmes intéressant à la fois les cultes et l'enseignement se posaient dans les écoles primaires; nous les retrouverons en traitant des questions relatives à l'instruction publique. Il suffira de dire, quant à présent, que le Commissaire général les aborda avec le même souci de ne point froisser les traditions et coutumes locales, et de poursuivre ici encore une œuvre, non de brusque abrogation, mais de conciliation patiente avec les dispositions de la législation française.

VIII

INSTRUCTION PUBLIQUE

Parlant aux étudiants de l'Université de Strasbourg, le 14 juin 1919, le Commissaire général leur disait : « La lutte militaire s'est terminée par la victoire de la France; la lutte des esprits continue. Dans cette lutte, l'Alsace et la Lorraine seront le boulevard de la situation. L'Université de Strasbourg sera un instrument non seulement de prestige, mais de défense nationale. » Le but ainsi nettement indiqué, l'œuvre d'organisation de l'enseignement fut activement poussée. Suivons-la aux divers degrés, primaire, secondaire, supérieur.

Enseignement primaire. — Dans le domaine de l'enseignement primaire, la difficulté qui se présentait dès l'abord était celle de la langue, — difficulté variable d'ailleurs suivant les régions : dans le Bas-Rhin et le Haut-Rhin, le parler populaire est le dialecte alsacien, sauf dans certaines parties de la montagne où l'on parle un patois vosgien; dans une grande partie de la Lorraine, on parle français, et aussi un patois local lorrain, malgré l'enseignement de l'allemand et l'enseignement en allemand imposés par les autorités allemandes dans les années qui précédèrent l'armistice.

Il n'entrait pas dans les vues du Commissaire général de forcer les enfants sachant l'allemand à oublier cette langue et ainsi de les appauvrir intellectuellement, mais au contraire de les enrichir par la connaissance du français : ils parleraient le français, sans pour cela cesser de savoir l'allemand. Que telles fussent bien les instructions par lui données, une circulaire du recteur de l'Université de Strasbourg aux inspecteurs primaires, en date du 27 septembre 1919, en témoigne : « La langue française, — y était-il dit, — doit demeurer, c'est le vœu unanime, le but essentiel de l'école primaire; et c'est d'elle qu'on se servira, autant que possible, pour la communication des autres connaissances. Toutefois : a) il sera fait à l'enseignement de l'allemand dans les écoles primaires des communes de langue allemande une part assez large, pour que les enfants soient mis à même de parler et d'écrire correctement cette langue; b) on se servira de la langue allemande comme instrument d'enseignement tant que le français sera insuffisamment connu des élèves, c'est-à-dire toutes les fois et partout où

cela sera nécessaire pour assurer la transmission
d'un savoir positif précis. » Cette méthode, très
libérale, n'entrava nullement les progrès de la connaissance du français chez les élèves ; et les résultats
obtenus furent aussi rapides que satisfaisants,
particulièrement avec les plus jeunes enfants.

Le personnel enseignant des écoles primaires ne
put être que graduellement épuré au cours de
l'année 1919 : des révocations nombreuses et simul-
tanées eussent entraîné la fermeture d'écoles. Trois
modes de recrutement du personnel à reconstituer
furent employés concurremment : 1° maintien en
fonction des maîtres du cadre local (2.626 instituteurs et 1.457 institutrices laïques) ; 2° maintien
des instituteurs et institutrices congréganistes en
fonctions lors de l'armistice (14 instituteurs et
1.646 institutrices) ; 3° appel d'un contingent
complémentaire emprunté au reste de la France
(1.500 instituteurs et institutrices).

Mais un grand nombre des maîtres du cadre local
ainsi conservés avaient une connaissance ou une
pratique insuffisantes du français. L'Administration,
par de multiples mesures, seconda leurs efforts
personnels : conférences pédagogiques sous la présidence des inspecteurs primaires, cours hebdoma-
daires de perfectionnement faits dans chaque canton
à leurs collègues par les instituteurs les plus qualifiés, conférences et exercices périodiques dans les
écoles normales, cours de vacances pour les instituteurs alsaciens et lorrains dans les Écoles normales
de Versailles et de Saint-Germain-en-Laye ; envoi de

440 instituteurs d'Alsace et de Lorraine, pour un stage de toute une année scolaire, dans les écoles primaires du reste de la France; et envoi parallèle dans les écoles normales de l'intérieur de la France pour y achever leurs études, d'élèves des écoles normales alsaciennes et lorraines.

Inversement, pour les instituteurs appelés de l'intérieur de la France dans les localités d'Alsace ou de Lorraine où l'emploi de la langue allemande était nécessaire, des cours de cette langue furent organisés.

Selon le vœu formel de la population, les écoles primaires élémentaires gardèrent leur caractère confessionnel : l'enseignement religieux continua d'y être donné. Par voie de conséquence, furent maintenues, avec leur caractère confessionnel, les Écoles normales d'instituteurs catholiques de Montigny-les-Metz, Phalsbourg, Obernai, Colmar, et celle d'instituteurs protestants de Strasbourg; comme aussi, pour les institutrices catholiques, l'École normale de Sélestat et celle de Strasbourg pour les protestantes.

L'enseignement primaire supérieur n'existait pas, à proprement parler, sous le régime allemand, les écoles dites « moyennes » (Mittelschulen) différant sensiblement par leur organisation pédagogique de nos écoles primaires supérieures. Sans retard, les « Mittelschulen » existant à Strasbourg, Colmar, Mulhouse, Metz, Saint-Louis, furent transformées en écoles primaires supérieures : celle de Strasbourg compta immédiatement près de deux cents élèves. Neuf « Höhere Mädchenschulen » (¹) subirent la même transformation. Elle répondait aux besoins de pays industriels et agricoles comme l'Alsace et la Lorraine, les enfants trouvant dans les écoles de ce type, outre un enseignement général, un enseignement de caractère professionnel très marqué.

.•.

Enseignement technique. — L'enseignement technique, notoirement poussé en Allemagne à un haut degré de développement, ne comptait pas en Alsace et en Lorraine d'institutions de première grandeur comparables aux écoles techniques supérieures allemandes ; on n'y rencontrait pas non plus d'écoles supérieures de commerce semblables aux « Handelshochschulen » de Berlin, de Leipzig, Cologne ou Mannheim ; très manifestement, le Gouvernement allemand avait tenu à ce que ne se créât pas, dans les pays annexés, d'établissement rival de ceux qui existaient par exemple à Carlsruhe et à Stuttgart : les jeunes Alsaciens ou Lorrains désireux d'entreprendre des études techniques ou commerciales supérieures se voyaient ainsi contraints d'aller les faire en Allemagne, où ils subissaient plus fortement l'empreinte germanique.

Par contre, la formation professionnelle de l'apprenti était, en Alsace et en Lorraine, fort bien

1. Guebwiller, Sainte-Marie-aux-Mines, Bischwiller, Sélestat, Wissembourg, Sarreguemines, Forbach, Thionville et Metz.

organisée et surveillée, grâce à la « Chambre de Métiers » de Strasbourg : cette institution avait pour objet de réglementer en détail l'apprentissage dans la région et de susciter la création de tout ce qui pourrait utilement concourir au développement technique et moral des patrons, des artisans, des employés et des apprentis.

Le Commissaire général avait dès l'abord porté à la « Chambre de Métiers » un vif intérêt, dont témoignait la visite qu'il y fit le 18 juin 1919 et les paroles qu'il prononça à cette occasion (1). Il l'aida d'une importante subvention. La création d'une « Direction spéciale de l'Enseignement technique, industriel et commercial » disait assez d'ailleurs l'importance essentielle qu'il attachait aux progrès de cet enseignement. Gravement atteint par la guerre, l'apprentissage, grâce à ces encouragements, ne tarda pas à se relever : le nombre des apprentis, tombé en 1918 à 3.040, dont 740 seulement avaient subi l'examen de compagnon, grandit en 1919 jusqu'à 6.139 dont 1.209 furent reçus cet examen. De même, alors que 15 artisans seulement s'étaient présentés en 1918 à l'examen de maîtrise, qui confère le droit de former des apprentis, il y en eut 230 en 1919.

Le 10 septembre 1920, le Commissaire général, devenu Président du Conseil, tenait à rendre à la Chambre de Métiers une nouvelle visite : « J'avais été frappé, disait-il à ses membres, du sens pratique,

1. Voir, page 145, ce discours du 15 juin 1919.

— qui n'exclut pas d'ailleurs le souci de l'idéal, —
avec lequel est organisé dans l'Alsace et la Lorraine
l'enseignement technique. Vous avez compris que
l'enseignement professionnel, pour donner tous ses
résultats, ne doit pas être, si j'ose dire, un fruit
isolé qu'on laisse mûrir et jaillir de l'arbre et dont
on regarde du sol l'épanouissement. Vous avez
compris cette vérité hors de conteste aujourd'hui, je
crois, dans toute la France, que l'enseignement
professionnel ne peut être ce que nous voulons, que
si l'élève n'est pas seulement livré aux mains de
maîtres qui l'éduquent, mais garde en même temps
un lien étroit, quotidien, avec la corporation dans
les rangs de laquelle, sa maîtrise acquise, il prendra
sa place. Et c'est pour cela que la Chambre de
Métiers nous offre ce spectacle, à la fois si élevé et
si fécond, d'artisans, de commerçants, d'industriels
qui suivent au jour le jour la marche de cet enseignement professionnel, qui s'y intéressent directement, qui ne se contentent pas de prendre, une fois
les études terminées, l'élève sortant des cours, mais
qui surveillent constamment la manière dont l'enseignement est donné, qui s'y associent, qui n'en sont
jamais absents et qui lui impriment ainsi cette
marque d'enseignement pratique, moderne, utili-
taire, qu'il ne peut pas ne pas avoir. En matière d'enseignement technique, nous avons trouvé, et nous
trouvons ici beaucoup d'indications et de leçons
extrêmement utiles. Nous avons commencé et nous
continuerons à en faire notre profit. »

La Direction de l'Enseignement technique

s'employa activement à remettre en pleine activité les quatorze « écoles obligatoires de perfectionnement professionnel pour apprentis » que l'administration allemande avait en grande partie vidées de leurs élèves pour les occuper aux fabrications de guerre. Dès novembre 1919, leur effectif dépassait celui d'avant-guerre; au 15 janvier 1920, il atteignait 6.531 élèves; il devait s'élever à 7.258 au 15 novembre 1920. Le principe qui rendait obligatoire la fréquentation de ces écoles fut maintenu, conformément à la demande de la Chambre de Métiers et des Chambres de Commerce, et respecté sans protestation.

A l'Ecole nationale technique de Strasbourg (ci-devant « Ecole impériale technique »), l'effectif des élèves était tombé très bas; en outre, le directeur et les deux tiers des professeurs, de nationalité allemande, avaient été expulsés. Le personnel enseignant fut rapidement reconstitué, une section électro-chimique, ouverte en octobre 1919, compléta l'Ecole; au lieu des 295 élèves qu'elle comptait à la veille de la guerre, elle en eut 417 en novembre 1919 et 488 un an plus tard, chiffre jamais atteint sous la domination allemande.

Tout en développant ainsi les établissements existants, l'Administration française s'appliquait à en faire naître de nouveaux : le 19 janvier 1920, une « Ecole pratique de Commerce », — la première école commerciale de type français créée en Alsace, — s'ouvrait à Strasbourg. Le 1er février 1920 s'ouvrait à Haguenau une « Ecole obligatoire de perfectionnement industriel et commercial » fondée par cette ville. La Chambre de Commerce de Strasbourg, secondée par les souscriptions des industriels, banquiers et commerçants de la région, décidait et préparait la création d'un « Institut d'enseignement commercial supérieur ».

A l'instigation du Commissaire général, Mulhouse, déjà pourvue, grâce à la « Société industrielle » de cette ville, d'une « École supérieure de chimie » et d'une « École de filature et de tissage », s'apprêtait à faire revivre la première École supérieure française de commerce fondée avant 1870. Metz et Colmar entraient dans la même voie.

Ainsi, par l'action commune de l'Administration, des municipalités et des intéressés, l'enseignement technique reprenait en Alsace et en Lorraine un remarquable essor.

.·.

Enseignement post-scolaire. — Il trouvait son complément dans l'enseignement post-scolaire, dont les efforts s'appliquèrent principalement à faire mieux connaître aux adultes la langue française et la France.

Dès avant 1870, l'Alsace et la Lorraine avaient eu leurs « écoles primaires du soir ». A partir de 1919, dans la plupart des communes, deux ou trois fois par semaine, eurent lieu des cours d'adultes consacrés à l'enseignement du français. Ils étaient professés, soit par l'instituteur, soit par les délégués de l'une de ces œuvres privées qui s'étaient sponta-

nément créées pour la propagation de la langue
française et dont le Commissaire général guidait
l'initiative et l'encourageait par des subventions;
chacune exerçait sa mission dans un secteur terri-
torial déterminé; l'Alsace et la Lorraine se trouvaient ainsi réparties entre les associations suivantes : « La Conférence au village », « la Cigogne »,
« Les cours populaires de la rue Geiler », « Les
Comités post-scolaires de la Moselle » et « La Renais
sance alsacienne ». Cette dernière association avait
pris à tâche d'enseigner aux fonctionnaires, employés
et ouvriers, outre la langue française courante,
l'usage de la terminologie particulière à leurs pro-
fessions respectives.

Pour mesurer l'activité de ces œuvres, il suffira
de rappeler que, durant l'année scolaire 1919-1920,
54.000 adultes suivirent les cours ainsi organisés
dans les trois départements.

A l'enseignement post-scolaire par la parole
s'ajouta l'enseignement par l'image : sur l'initiative
et avec l'appui du Commissariat général, des
camionnettes automobiles cinématographiques par-
coururent, durant l'année 1919, villes et villages
d'Alsace et de Lorraine, donnant l'après-midi des
séances pour les enfants, le soir, des séances
d'adultes : elles étaient accompagnées de conférences explicatives, en français ou en dialecte alsacien suivant les circonstances, faites par les délégués
de la « Ligue de l'Alsace française », de la « Ligue
française » ou de la « Conférence au village ». En un
an, 600.000 spectateurs y assistèrent. Alsaciens et

Lorrains rapprenaient ainsi la France, que les maîtres allemands s'étaient évertués à travestir ou à laisser ignorer.

Pour la mieux faire connaître encore, des voyages furent organisés qui permirent aux maires, instituteurs, ecclésiastiques d'Alsace et de Lorraine d'aller voir de leurs yeux la zone du front et les régions dévastées, cependant que des centaines d'enfants venus de ces régions étaient accueillis et hébergés durant la période des vacances par des familles alsaciennes.

Enseignement secondaire. — Dans le domaine de l'enseignement secondaire, toutes diligences furent faites pour appliquer en Alsace et en Lorraine, avec les mesures de transition nécessaires, le régime français. Des lycées de garçons furent créés dans les villes les plus importantes, — Strasbourg (lycée Fustel de Coulanges et lycée Kléber), Metz, Mulhouse, Colmar, — des collèges dans les autres. Dans les classes où cela sembla nécessaire, les élèves connaissant imparfaitement le français formèrent une section spéciale, dont leurs progrès tendirent à amener la rapide suppression. La langue allemande garda, d'ailleurs, dans l'enseignement secondaire la place importante que requiert la situation particulière de la région. Le nombre des élèves dans les établissements d'enseignement secondaire de garçons regagna rapidement, puis dépassa son niveau d'avant-guerre : il avait été de 9.297 au 1er juil-

let 1914 ; dès le 5 novembre 1919, il s'élevait à 8.365 ;
il devait atteindre 9.512 au 15 octobre 1920.

Pour les jeunes filles, les « Höhere Mädchenschulen » du régime allemand n'équivalaient pas à
nos lycées. Certaines de ces écoles devinrent des
écoles primaires supérieures ; les plus importantes
(à Strasbourg, Mulhouse, Colmar, Metz) ont été
transformées en lycées. L'effectif scolaire de l'enseignement secondaire des jeunes filles n'a cessé de
croître depuis l'armistice : il avait été de 2.828 en
juillet 1914 ; en novembre 1919, il atteignait déjà
2.603 ; il allait s'élever, en octobre 1920, à 2.925.

.·.

Université de Strasbourg. — Le 19 mai 1919, le
« Cercle des anciens étudiants alsaciens et lorrains »
entretenant le Commissaire général de l'avenir de
l'Université de Strasbourg, exprimait le désir « que
cette Université, qui doit être un grand foyer de
culture française aux portes de l'Allemagne et en
Europe, occupât un rang au moins égal, sinon supérieur à celui qu'elle tenait sous le régime précédent ».
Ce disant, les anciens étudiants de Strasbourg
allaient au-devant du vœu le plus cher et du dessein
le plus ferme de celui-là même auquel ils s'adres-
saient.

Illustre et trois fois séculaire était le passé universitaire de Strasbourg : en 1621, y avait pris naissance l'Université avec ses quatre Facultés de

théologie protestante, de droit, de médecine et de philosophie; au xviii° siècle, le renom de ses maîtres attirait des étudiants de l'Europe entière; au xix° siècle y avaient enseigné, à la Faculté de théologie, Édouard Reuss et Charles Schmidt; à celle de droit, Aubry et Rau; à celle de médecine, Sébillot, Charles Schützenberger, Émile Küss; à celle des sciences, Pasteur, Kirschleger, Schimper; à celle des lettres, Fustel de Coulanges. A la veille de la guerre de 1870, ces cinq Facultés françaises étaient en pleine prospérité.

Un décret impérial du 11 décembre 1871 y substitua une Université allemande que l'Allemagne voulut grande : elle y envoya ses savants les plus considérables; elle la dota, en 1884, de bâtiments importants; hâtons-nous d'ajouter que ce fut — pour les cinq sixièmes — aux frais de l'Alsace et de la Lorraine elles-mêmes.

En 1918, le départ des professeurs allemands suivit de près l'armistice et les cours subirent une brève interruption; mais, dès le 15 janvier 1919, l'Université rouvrait avec des maîtres français et, le 20 janvier, le professeur Pfister, doyen de la Faculté des lettres, y donnait sa leçon inaugurale sur l'histoire de l'Alsace de 1648 à nos jours. Le personnel enseignant fut, à vrai dire, assez limité au début; mais, dès la rentrée de Pâques 1919, il s'était notablement accru. Et si nombreuses furent bientôt les adhésions venues de tous les points de la France, qu'en novembre 1919, la nouvelle Université, reconstituée par les arrêtés du Commissaire général, avait

ses cadres presque au complet : les lettres comptaient 40 professeurs chargés de cours et maîtres de
conférences; le droit, 26 professeurs et chargés de
cours; la médecine, 39 professeurs et chargés de
cours; les sciences, 36 professeurs, maîtres de conférences et chargés de cours; les deux Facultés de
théologie, 11 professeurs chacune. Quant à l'Ecole
supérieure de pharmacie, créée en octobre 1919,
l'enseignement y était donné par 7 professeurs et
chargés de cours.

Le corps enseignant français se trouvait être
ainsi, à quelques unités près, numériquement égal
au corps enseignant allemand, dans lequel, il ne
faut pas l'oublier, figuraient, sur un total de 166, 64
« privat-dozenten », maîtres libres, ne recevant
aucun traitement de l'État, ne donnant qu'un enseignement temporaire et souvent (particulièrement
en médecine) jouissant des avantages moraux attachés à ce titre, sans faire aucun cours.

En même temps qu'à pourvoir l'Université de
Strasbourg de professeurs dignes d'elle, il fallait
songer à lui assurer les locaux et les instruments
de travail nécessaires à son fonctionnement. A première vue, l'on eût pu croire que cette question ne
se posait pas : les bâtiments universitaires de 1884
ne développaient-ils pas aux yeux de hautes et
larges façades, ne couvraient-ils pas de vastes
espaces? Mais après examen, force fut bien de constater que, contre toute attente, l'aménagement
intérieur des locaux de travail, en maintes de ses
parties, ne répondait plus que très médiocrement à

leur destination et qu'il y aurait fort à faire pour les mieux adapter ou les compléter.

C'est ce que le Commissaire général exposait au Gouvernement en le saisissant d'une demande de crédits qui, avant la guerre, eût pu n'être que de neuf millions, mais qu'il fallait, après la guerre, pour les mêmes travaux, porter au triple : « Les apparences extérieures des bâtiments de l'Université, très somptueuses, — disait-il, — en sont venues à mal dissimuler dans plusieurs cas, soit l'insuffisance de son outillage scientifique, soit l'état d'abandon moral de quelques-uns des Instituts qui avaient fondé sa réputation. C'est à cet abandon et à cette insuffisance qu'il faut porter remède. Les rapports établis par les membres les plus qualifiés de notre enseignement supérieur les ont maintes fois signalés depuis que la France est revenue à Strasbourg... La Faculté de Médecine, entourée d'un si grand prestige en Alsace et dans les pays voisins, est cependant la plus imparfaite et la plus incomplète de l'Université. La Clinique chirurgicale la dépare, l'Institut de physiologie est vide, les Musées anatomiques insuffisants... Pour l'ensemble des Instituts de la Faculté des Sciences, sauf peut-être dans quelques services (géologie, minéralogie), la nécessité s'impose de transformer, d'aménager les locaux... Ces travaux sont considérables, ils sont nécessaires, ils sont à peine suffisants. Il faut que tous les services soient mis à la hauteur de la science actuelle. N'oublions pas le grand effort que fait l'Allemagne pour compenser la perte de Strasbourg, et, en particulier, le programme qu'elle réalise en ce moment même, de l'autre côté du Rhin, à l'Université de Fribourg. La somme à dépenser est un capital bien placé... Vous aurez ainsi donné à la France l'occasion d'affirmer dans ses provinces délivrées un des caractères de sa politique, d'accuser le trait dominant de la physionomie morale du grand événement qu'est leur retour à la Patrie commune : tandis que le Reichsland fut souvent, pour l'empire allemand, un terrain d'exploitation, pour la France l'Alsace et la Lorraine sont une terre où doivent converger les efforts d'un dévouement commun. Relevée et agrandie, l'Université de Strasbourg sera un modèle et un exemple, c'est-à-dire une œuvre nationale. »

Bien que l'octroi de la totalité du crédit ainsi demandé et justifié n'ait pu, en raison de la situation financière, être immédiatement envisagée, une série de travaux d'amélioration et d'adaptation furent peu à peu réalisés sous la direction de l'architecte en chef des travaux de l'Université : aménagement de laboratoires nouveaux et installation d'un puissant outillage scientifique à l'Institut de physique; extension des laboratoires de l'Institut de botanique; création et équipement d'un ensemble de laboratoires pour les travaux pratiques de bactériologie et de parasitologie; perfectionnements nombreux à l'Observatoire; installation provisoire des services d'anatomie, d'histologie et d'embryologie, en attendant la construction d'un nouvel Institut d'anatomie, etc.

Au premier rang des institutions dont est dotée
l'Université de Strasbourg se place la Bibliothèque
que les Allemands créèrent pour tenir lieu de celle
que, dans la nuit du 24 au 25 août 1870, ils avaient
incendiée et détruite de fond en comble. Par le
nombre de ses livres, — qui dépasse un million, —
par sa collection d'alsatiques, la plus importante
au monde, par ses cinq mille manuscrits, ses pa-
pyrus et ses ostrakas, elle a pris rang, en France,
immédiatement après notre Bibliothèque nationale.
L'Administration française s'appliqua à simplifier,
sans le bouleverser, le mode de classification institué par les Allemands, à mettre les catalogues à la
disposition du public, à mieux coordonner le travail
des bibliothécaires et de leurs auxiliaires, dont le
nombre put être ainsi réduit, à enrichir la bibliothèque en provoquant les dons et les crédits qui ont
permis de combler partiellement les lacunes causées
par la guerre, bref à rendre plus complet et plus
maniable un instrument de travail précieux entre
tous.

Ainsi dirigée par des maîtres nombreux et de
valeur éprouvée, déjà partiellement munie de l'outillage scientifique nécessaire à ses multiples tâches,
l'Université de Strasbourg, par la variété des enseignements qu'elle fut apte à donner dès l'année scolaire 1919-1920, prouva quelle énergique volonté
avait présidé à sa résurrection. A la Faculté des
Lettres, l'enseignement classique (lettres, philosophie, histoire, langues vivantes et même langues
orientales) fut, dès lors, constitué au complet; il va

de soi que les études françaises, réduites au minimum du temps allemand, — où l'Université, si elle avait un professeur de philologie romane, n'avait pas de professeur, mais un simple lecteur pour l'enseignement du français, — reprirent la place prépondérante qu'elles devaient occuper. À la Faculté de Droit, tous les enseignements que comportent la licence et le doctorat furent donnés et complétés par un enseignement élémentaire du droit local ayant pour objet d'assurer la transition entre les deux régimes. La Faculté des Sciences et celle de Médecine s'organisèrent dès l'abord afin de ne se point borner à la préparation des examens et concours d'État, mais de devenir les foyers de recherches scientifiques que, dans la pensée du Commissaire général, elles devaient être.

Enfin, désireuses d'étendre leur rayonnement et renouant une vieille tradition du temps français, certaines Facultés — notamment celle des Lettres — instituèrent, à côté de l'enseignement réservé aux étudiants, des cours publics accessibles à tous.

On sait que, durant les quarante-huit années de la domination allemande, la fidélité à la France n'avait pas eu d'asile plus sûr que l'âme des étudiants alsaciens et lorrains de l'Université de Strasbourg (¹). Ils représentaient environ la moitié du total de 2.070 étudiants immatriculés que cette

1. Voir p. 235, le discours prononcé au nom des anciens étudiants alsaciens et lorrains par le Dr Pierre Bucher, le 22 novembre 1919, à l'inauguration de l'Université de Strasbourg.

Université comptait en 1913-1914 (¹). On pouvait
s'attendre à ce que, redevenue française, elle vît
accourir à elle, en plus grand nombre encore que
par le passé, la jeunesse studieuse d'Alsace et de
Lorraine. C'est ce qui se produisit en effet : dès le
31 décembre 1919, les six Facultés et l'École supérieure de pharmacie comptaient 1.216 étudiants,
presque tous Alsaciens ou Lorrains; en un an, ce
nombre allait encore augmenter de plus de 50 % et
atteindre 1.889 au 31 décembre 1920. Malgré la difficulté que présentait au début, pour certains d'entre
eux, un enseignement donné en langue française,
les résultats très satisfaisants des examens ne tardèrent pas à montrer que leurs efforts avaient raison
de cet obstacle; à titre d'exemple, il suffira de rappeler que deux des élèves de la Faculté des Sciences
furent admis, dès juillet 1919, à l'École normale
supérieure.

Soucieuse de faire mieux encore qu'au temps allemand, où elle compta jusqu'à 215 étudiants
étrangers (²) [semestre d'hiver 1913-1914], l'Université de Strasbourg se mit en mesure dès 1919, par

---

1. On notera que les statistiques officielles allemandes
faisaient figurer parmi les étudiants alsaciens-lorrains les
fils d'immigrés nés en Alsace-Lorraine et les fils de fonctionnaires allemands, ne fussent-ils pas même nés dans le
Reichsland. Les étudiants alsaciens ou lorrains proprement dits fréquentaient donc, du temps allemand, l'Université de Strasbourg en moins grand nombre que ne le
ferait supposer la proportion officielle rappelée ci-dessus.

2. Sur lesquels 206 (dont 148 Russes) étaient originaires
des divers pays d'Europe et 9 (dont 2 Américains) du reste
du monde.

la création de cours destinés aux étrangers et d'un Institut d'études françaises, d'accueillir comme il convenait ceux que leurs sympathies attireraient vers la France.

Ayant préparé cet avenir qui commençait, le Commissaire général pouvait, en cet anniversaire du 22 novembre 1919 où l'Université, déjà pleine de force et de vie, célébrait sa résurrection, dire en toute confiance : « Strasbourg convie le monde à venir s'asseoir sur les bancs de son Université. »

LES ELECTIONS LÉGISLATIVES EN ALSACE
ET EN LORRAINE

Dès le début de son administration, le Commissaire général avait affirmé que les mesures nécessaires seraient prises pour que les élections législatives eussent lieu en Alsace et en Lorraine en même temps que dans le reste de la France : « Tant que l'Alsace et la Lorraine ne pourront avoir leurs représentants siégeant au milieu des élus de la France, — déclarait-il, le 15 avril 1919, aux Commissions de la Chambre et du Sénat —, il serait plus que fâcheux que le Parlement parût régler en leur absence les affaires alsaciennes et lorraines. Aussi mon premier soin a-t-il été de prescrire aux commissaires de la République de préparer immédiatement la confection des listes électorales. »

Un arrêté pris par lui le 6 mai 1919 réglementait

l'établissement de ces listes. Y seraient inscrits immédiatement tous les Alsaciens et les Lorrains qui, par la ratification du traité de paix, se verraient réintégrés de plein droit dans la nationalité française ; à ces électeurs s'ajouteraient ensuite ceux qui, par application du traité, auraient revendiqué et obtenu cette nationalité. Les listes, closes le 18 juillet 1919, furent, comme dans le reste de la France, rouvertes par arrêté du 14 octobre pour une période d'inscriptions supplémentaires.

Il va de soi que la campagne électorale se fit en toute liberté et que l'Administration y demeura étrangère. L'état d'esprit de la population était, au surplus, du meilleur augure : « Je suis bien sûr, déclarait dès le mois de mai 1919 le Commissaire général, qu'au-dessus des partis en présence, un programme national unira tous les candidats. » En octobre il disait encore : « Je ne suis pas venu en Alsace et en Lorraine pour influer sur la volonté populaire, qui doit s'exprimer par le libre jeu de la consultation nationale. Le suffrage universel parlera : il parlera en faveur de la France et constituera véritablement ce plébiscite auquel les Allemands songèrent à un moment où ils comptaient sur la puissance de leur administration et sur les nombreux Allemands installés dans nos provinces pour contrebalancer la volonté purement alsacienne et lorraine. Je puis dire aujourd'hui que l'Alsace et la Lorraine vont aller aux urnes avec un programme très réaliste d'action et d'effort national. »

L'élection des trente-neuf représentants que le

Haut-Rhin, le Bas-Rhin et la Moselle envoyèrent au Parlement le 16 novembre 1919 et le 11 janvier 1920 confirma le plébiscite dès longtemps fait dans les cœurs alsaciens et lorrains.

Par cela seul que l'Alsace et la Lorraine avaient désormais leurs élus à la Chambre et au Sénat, la tâche de patiente réadaptation entreprise par le Commissaire général n'était pas à son terme, ni encore près de l'atteindre.

La multiplicité même et la variété des problèmes que nous avons signalés en la résumant, l'extrême délicatesse de certains d'entre eux, démontrent assez qu'il y fallait, outre la patience, la longueur de temps.

Cette tâche, commencée seulement, le Commissaire général, devenu chef du Gouvernement, marqua aussitôt sa volonté de la poursuivre. Fidèle à la pensée, qui avait dominé et orienté toute son œuvre administrative, de rendre à la vie de la région sa large place dans la vie de la nation, de la douer d'organes propres et de réaliser d'abord cette réforme dans celle des régions qui semblait s'y offrir comme une terre élue, il déposa, dès le 22 janvier 1920, un projet de loi portant institution d'un Conseil régional d'Alsace et de Lorraine.

Comme le Conseil supérieur, cet organisme nouveau répondait à l'idée que, pour la bonne administration des territoires recouvrés, il convenait que le

Commissaire général fût assisté d'une assemblée consultative, « joignant à une compétence administrative étendue une pleine connaissance des besoins régionaux ».

Mais l'Alsace et la Lorraine ayant désormais au Parlement leurs représentants élus, l'assemblée nouvelle différerait nécessairement de sa devancière, tant par sa composition et par le mode de désignation de ses membres que par ses attributions.

Elle comprendrait quarante membres, dont sept seulement, choisis à raison de leur compétence spéciale, continueraient d'être nommés par le Président du Conseil sur la proposition du Commissaire général; les trente-trois autres seraient élus par les corps ou associations qualifiés pour représenter les intérêts divers de la région (¹).

Quant aux attributions du Conseil régional, toute question d'ordre politique en serait désormais exclue : « l'exercice des droits politiques en effet, — dit l'exposé des motifs, — le contrôle, à proprement parler, du pouvoir exécutif, doit rester la prérogative de la représentation nationale, sans qu'un conseil régional puisse, à côté d'elle, porter son

---

1. Douze membres par les Conseils généraux des trois départements (quatre par conseil), — quatre par les Chambres de Commerce de Strasbourg, Colmar, Mulhouse et Metz, — quatre par les associations professionnelles ouvrières, — un par la Chambre de Métiers d'Alsace et de Lorraine, — quatre par les syndicats agricoles d'arrondissement, — deux par le Conseil de l'Université de Strasbourg; — enfin les quatre maires de Strasbourg, Colmar, Mulhouse et Metz seraient de droit membres du Conseil régional.

activité dans ce domaine. » D'où le corollaire que les députés et sénateurs ne feraient point partie de ce conseil.

Par contre, il aurait à délibérer à titre consultatif sur toutes les questions d'ordre administratif ou économique intéressant la région et particulièrement sur le budget d'Alsace et de Lorraine, sur toute modification au régime fiscal en vigueur, sur les emprunts des départements et des villes, sur les projets de grands travaux publics, etc...

« Dans son domaine propre, par la compétence et l'indépendance que lui confère sa composition, — concluait l'exposé des motifs, — le Conseil régional pourra participer activement aux efforts de l'Administration dans la période délicate que comporte l'adaptation de la vie régionale au nouveau régime sous lequel l'Alsace et la Lorraine se trouvent placées et la guider efficacement dans l'appréciation des véritables besoins qu'elle doit s'efforcer de satisfaire. »

La réalisation de ce projet eût été, dans la pensée de son auteur, une expérience particulièrement opportune de représentation régionale : « L'Alsace et la Lorraine, observait-il, sont passionnément françaises; mais elles sont en même temps passionnément alsacienne et lorraine. Comment pourrions-nous leur en vouloir d'un particularisme qui leur a permis de se conserver à nous? »

Ces paroles disent assez pourquoi et dans quelle mesure il estimait que ce particularisme avait été et demeurait légitime et respectable.

Le docteur Bucher, — incarnation de cette Alsace passionnément française, — écrivait de même [1] :
« En Alsace, une politique qui ne serait pas basée sur la volonté d'un effort régional en liaison étroite et permanente avec l'œuvre de reconstruction et de progrès de toute la Nation, aboutirait rapidement à de terribles mécomptes et au développement de programmes séparatistes préjudiciables à la France. »

A méconnaître ce particularisme, on eût risqué d'en provoquer l'évolution vers les exagérations aiguës et morbides de l'autonomisme ou du neutralisme.

Sans doute, prise à la lettre, une formule absolue et exclusive telle que « l'Alsace aux Alsaciens » eût été un véritable anachronisme, nous ramenant de cent trente ans en arrière, à l'époque où les habitants de l'Artois, dans leurs cahiers aux États généraux, tout en se proclamant bons Français, demandaient à n'être gouvernés que par des gens de l'Artois.

Mais derrière les formules de ce genre, il y avait à rechercher et à retenir, pour lui faire sa part, le sentiment légitime dont elles n'étaient que l'expression outrancière.

C'est à quoi le Commissaire général s'était constamment appliqué.

A l'expiration de ses pouvoirs comme à leur début, malgré l'importance de l'œuvre déjà accomplie, le Commissaire général eût volontiers répété,

1. « Alsace française », n° 1, décembre 1921.

avec une autorité accrue, les règles de conduite qu'il s'était assignées à lui-même dès l'origine et qu'il formulait ainsi, le 15 avril 1919, devant les Commissions de la Chambre et du Sénat : « Comment amener l'Alsace et la Lorraine à entrer dans les formes, dans les cadres de la législation française ? Par la persuasion. Ne rien brusquer, respecter les libertés, les institutions, les coutumes, amener les Alsaciens et les Lorrains à demander eux-mêmes l'assimilation de plus en plus complète à leurs frères de France. » Dix mois d'épreuve avaient démontré la valeur de cette méthode.

Elle remet en mémoire celle que conseillaient tels cahiers de 1789, où les électeurs, exposant leurs doléances tout en modérant leur ardent désir de réformes, étaient les premiers à demander que l'on agît « avec une extrême prudence, par des mouvements très continus, mais très lents et des formes très régulières ».

Son emploi supposait une exacte connaissance des hommes et des choses d'Alsace et de Lorraine ; aussi le Commissaire général se faisait-il une loi d'étudier personnellement et sur place, avec les intéressés, les problèmes à résoudre.

« Vous me jugerez à mes actes et non à mes paroles », disait-il aux Messins lors de sa première visite en leur ville. Les actes n'ont pas manqué. Il convient maintenant d'entendre les paroles qui les ont annoncés ou commentés.

DISCOURS

DU COMMISSAIRE GÉNÉRAL

Messieurs,

Je suis heureux de souhaiter la bienvenue dans Strasbourg redevenu français aux visiteurs éminents, qui, sous les auspices de l'Union des Grandes Associations françaises, apportent le salut joyeux de l'Université de France à l'Alsace et à la Lorraine.

Elles vous remercient par ma voix et elles comptent sur vous pour vous faire leurs interprètes près de leurs sœurs : les autres régions françaises.

1. Ce discours fut prononcé à Strasbourg, à l'occasion du voyage en Alsace et en Lorraine organisé à cette époque par l'« Union des Grandes Associations françaises ».

Cet échange d'idées et de sentiments entre les provinces retrouvées et le reste de la France, quel moyen plus sûr et plus rapide d'atténuer peu à peu les nuances inévitables créées par près d'un demi-siècle de séparation?

Représentants des humanités françaises qui ont, pour jamais et dès longtemps, conquis à notre pays l'esprit et le cœur de l'Alsace et de la Lorraine ; passionnément attachés aux idées de liberté et de justice, dont plus que jamais le nom de la France est synonyme, vous sentez mieux que personne la nécessité d'obtenir de nos chères provinces, qui y sont d'ailleurs toutes disposées, qu'elles se plient d'elles-mêmes aux cadres et aux formes de la législation française.

Le respect de leurs institutions, de leurs libertés, de leurs coutumes n'est qu'une manifestation, qui nous est particulièrement facile et douce, de notre respect des croyances et des opinions.

L'amour de la France, qui a fait explosion d'une façon si touchante et si forte dans les inoubliables journées de novembre et décembre 1948, rend bien aisée cette évolution nécessaire. Comme elle le deviendra plus encore, au fur et à mesure que l'Alsace et la Lorraine se seront plus exactement rendu compte des souffrances inouïes supportées par la France, d'août 1914 à novembre 1918 !

La France comme l'Alsace et la Lorraine peuvent se rendre devant le monde cette justice, qu'elles n'ont pas voulu cette guerre. Elles l'ont subie.

Au moment où elle se clôt, rendant à leur mère les enfants qui lui avaient été arrachés par la force, notre pensée commune, notre espoir suprême est que l'humanité se voit désormais épargner de si cruelles épreuves.

Pour en éviter le retour, il ne suffit pas d'envisager d'un regard clair l'idéal à réaliser : il faut avec la même netteté discerner les réalités.

Trop de Français les méconnaissaient à la veille du 1er août 1914 ! Trop d'entre eux caressaient, sur la mentalité allemande, les erreurs les plus généreuses et les plus redoutables !

Nulle part mieux qu'ici nous ne serons renseignés et avertis !

Pendant un demi-siècle, l'Alsace et la Lorraine ont su défendre, avec quelle ingéniosité et quelle ténacité, contre la ruse et l'âpreté germaniques le trésor de leur individualité et de leur génie.

Écoutons-les.

Instruits par elle, nous ne risquons plus de

tomber dans le piège d'illusions qui faillirent nous conduire à l'abîme.

Que le péril d'hier, miraculeusement conjuré, soit pour nous et pour nos enfants une sauvegarde !

Je remplis le plus agréable devoir, dans cette cité qui, il y a quatre mois, saluait de ses acclamations, dans un délire de joie patriotique, les représentants du Parlement et du Gouvernement, le Président Poincaré et le Président Clemenceau, en vous invitant à lever vos verres à la santé et en l'honneur de M. le Président de la République.

ALLOCUTION
AUX LÉGIONNAIRES ALSACIENS ET LORRAINS
DE LA PROMOTION DE LA LIBÉRATION

(*13 mai 1919*) [1].

Messieurs,

Dans l'intimité de cette réception amicale, comme ce matin dans l'éclat de la cérémonie de la place Kléber, le même sentiment m'assiège et m'étreint de reconnaissance et d'admiration pour vous, Alsaciens et Lorrains, qui depuis l'apparition jusqu'à l'évanouissement du cauchemar germanique, avez, sans fléchir, élevé contre l'envahisseur devenu le maître et resté l'ennemi la protestation de vos consciences.

1. Cette allocution fut adressée aux Alsaciens et aux Lorrains qui venaient d'être nommés ou promus dans la Légion d'honneur.

Au prix de quelles épreuves, de quelles vexations et de quelles souffrances !

Qui en narrera par le détail l'histoire au jour le jour?

Pour venir à bout de votre résistance, tout a été mis en œuvre.

Tour à tour, la violence et la ruse, la menace et la flatterie entrèrent en jeu. Les unes comme les autres se sont usées sur votre ténacité infrangible.

Chacun de vous en son for intérieur s'était donné pour loi la forte et fière devise du Taciturne : « Je maintiendrai » !

En vain, à certaines heures, le tentateur s'est dressé à vos côtés vous murmurant à l'oreille le « A quoi bon? » qui colore et prépare les abandons. Vous ne saviez pas quand viendrait la réparation; vous ignoriez sous quelle forme : jamais vous n'avez douté que la justice n'eût son heure,

C'est l'Allemagne elle-même qui, dans sa folie d'orgueil, a déchaîné sur sa tête le châtiment et décrété sa ruine et votre libération.

Je salue près de vous ses vainqueurs : les chefs d'armée, — dont je ne saurais faire un plus bel éloge et qui leur ira droit au cœur, — que de dire qu'ils furent dignes de leurs soldats : les Hirschauer, les de Maud'huy, les Gouraud.

Èt vous voici, Alsaciens et Lorrains de la Protestation, sans distinction de croyances ni d'opinions, fraternellement unis aujourd'hui dans la douceur de la délivrance comme vous le demeurâtes quarante-huit longues années dans l'amertume de la lutte contre l'oppresseur.

Cette union, vous ne la romprez pas. Pour le bonheur et pour la prospérité de l'Alsace et de la Lorraine, pour la grandeur et pour la joie de la mère patrie retrouvée, vous resterez unis dans l'amour et dans le culte de la France.

Messieurs,

J'ai accueilli avec empressement l'offr3 d'ouvrir l'Assemblée générale de la conférence des Caisses d'épargne d'Alsace et de Lorraine.

Par ma présence, je désire publiquement témoigner de la sollicitude que je porte à vos institutions et vous assurer de mon entier concours pour la sauvegarde et la prospérité des grands intérêts que vous représentez.

Dès maintenant, vous êtes en relations avec

les Caisses d'épargne de France et leur prochaine conférence générale, qui se tiendra à Paris, sera heureuse de recevoir la visite de leurs sœurs d'Alsace et de Lorraine. Vous mettrez en commun votre expérience, vous comparerez les deux législations qui vous régissent et je ne doute pas que votre collaboration n'aboutisse aux plus heureux résultats pour l'Alsace, pour la Lorraine et pour la France.

Votre loi organique du 23 août 1912 crée deux catégories de Caisses : les Caisses sans garantie communale, dont le portefeuille est géré par la Caisse des dépôts et consignations et les Caisses avec garantie communale.

Entre cette législation et notre loi de 1895 sur la matière, on peut relever bien des points communs et aussi des différences notables. A vrai dire, vos Caisses d'épargne sans garantie communale sont soumises à un régime qui ne diffère guère de celui qui régit les Caisses d'épargne de la métropole.

En ce qui touche au contraire vos Caisses d'épargne avec garantie communale, nous nous trouvons en présence de dispositions complètement ignorées de notre statut français, puisque cette catégorie de Caisses reçoit de la loi le droit de placer selon des règles assez larges la majeure partie de leurs fonds.

Des engagements hypothécaires ont été contractés, des avances ont été faites aux communes. On ne saurait, sans témérité, songer à rompre brusquement avec ces dispositions.

Aussi la réunion tenue, le 8 mars, par les représentants de celles de vos Caisses les plus importantes a-t-elle émis très sagement le vœu qu'une période transitoire, de dix années par exemple, permît d'arriver à la fusion de deux régimes.

Qui dit fusion ne dit pas absorption.

Cette période transitoire permettra précisément de se rendre compte si certaines dispositions de votre législation ne devraient pas devenir définitives pour le plus grand bien de toutes les Caisses d'épargne et se fondre avec celles de la loi française de 1895.

Ces questions demandent à être traitées avec beaucoup de prudence et de tact. Elles touchent à tant d'intérêts!

L'Alsace et la Lorraine, à elles seules, ne comptent pas moins, à l'heure actuelle, de 129 caisses et 25 succursales.

Le 31 mars 1918, le total de vos dépôts s'élevait à 350 millions de francs, dont plus des deux tiers dans les Caisses d'épargne avec garantie communale, qui en avaient placé directement la majeure partie.

La seule Caisse de Strasbourg comptait 86 millions de francs de dépôts, c'est-à-dire qu'à ce point de vue, Strasbourg arrive en troisième ligne, après Lyon et Paris,

L'ensemble des dépôts des Caisses d'épargne d'Alsace et de Lorraine se répartissait à la même date sur 513.139 livrets.

Quel labeur, que d'économies représentent ces chiffres !

Vous êtes justement préoccupés de savoir si les événements qui ont rendu l'Alsace et la Lorraine à la France ne risquent pas d'avoir, au point de vue financier, une répercussion fâcheuse sur votre situation.

Déjà, avec l'autorité personnelle qui lui appartenait, le regretté baron Cerise, président de la Commission supérieure des Caisses d'épargne, dans un rapport présenté en 1916 au Comité d'études économiques et administratives relatives à l'Alsace-Lorraine, avait donné l'assurance que les déposants des deux catégories de Caisses recevraient l'intégralité des sommes par eux versées.

Le 5 avril dernier, au cours d'une réunion à laquelle avaient été appelés les représentants des Caisses d'épargne, je renouvelai la même assurance. Soyez donc sans inquiétude.

La République française attache trop de prix

aux vertus sociales sur lesquelles reposent vos
institutions, elle est trop fermement résolue à
les cultiver, pour ne pas considérer comme le
premier de ses devoirs la protection des Caisses
d'épargne.

DISCOURS
A LA MAIRIE DE METZ

(23 mai 1919).

Monsieur le Maire,

Au nom de la France et de la République, je reçois le serment spontané de fidélité à la France que vous venez de prêter. Qu'il traduise les sentiments de la population messine, j'en ai pour garant le spectacle inoubliable qui se présente à mes yeux depuis que j'ai franchi les portes de votre cité. J'essaie en vain de trouver des mots pour résumer les impressions que j'emporte des heures passées ici. A nouveau la population a saisi avec enthousiasme l'occasion qui lui était offerte de manifester son attachement si profond envers la mère patrie, sa fidélité inébranlable à la France.

Au cours de ma visite, j'ai vu tant de services et d'institutions portant le sceau de votre caractère lorrain ! Une fois de plus nous avons communié dans l'amour de la France en voyant défiler, au cours de cette magnifique revue, les bataillons français qui nous ont été présentés par le glorieux gouverneur qui honore votre cité. Je les ai salués avec non moins d'émotion que le bataillon de jeunes Lorraines qui leur faisaient cortège : en elles s'allient la fidélité qui, hier, au foyer lorrain, a nourri pendant les années de séparation l'amour de la France, et notre espoir de demain.

Vous avez eu raison de dire, Monsieur le Maire, que la France a accueilli avec joie le retour de la Lorraine, qui apporte avec elle ses qualités propres, éléments de stabilité et d'énergie.

La solennité d'aujourd'hui diffère des fêtes précédentes. Le 22 mai se distingue du 8 décembre 1918. C'était alors l'enthousiasme débordant de la cité messine accueillant pour la première fois les plus hauts représentants de la République. Depuis, de longs jours se sont écoulés ; les problèmes se sont dressés ; les difficultés sont apparues, et je n'en suis pas surpris. Mais je constate avec une joie particulière que les sentiments de Metz sont aujourd'hui ce qu'ils

étaient le 8 décembre, cependant que chacun de
vous mesure les difficultés qui accompagnent le
retour de la Lorraine à la mère patrie. Ces problèmes, nous les regardons en face ; nous n'en
sommes pas effrayés. Nous savons dans quel
esprit nous les aborderons. Nous demandons à
la population qui nous fait confiance d'avoir
patience, de comprendre que ces difficultés ne
peuvent se résoudre du jour au lendemain, de
concevoir dans quels sentiments et vers quel but
nous marchons. Nous travaillons à rétablir peu
à peu la pénétration complète qui doit exister
entre toutes les parties de la France. Vous n'avez
qu'un désir, qu'une aspiration : vous confondre
complètement avec elle.

Nous savons aussi quel prix vous attachez
avec raison à vos croyances, à vos coutumes, à
vos traditions. Vous avez recueilli l'engagement
solennel que la République française les respec-
tera intégralement.

La République est, par définition, le gouvernement de la liberté et de la justice, c'est-à-dire
d'abord un gouvernement respectueux de toutes
les opinions, de toutes les croyances, qui ne
pense pas que la liberté exclut l'autorité, qui
demande aux citoyens d'accepter cette autorité
nécessaire, non pas l'autorité brutale à l'allemande, que vous avez connue, mais l'autorité

à la française, faite de tact et de nuances,
s'adressant à des cœurs français, qui n'a pas
besoin de parler fort pour parler ferme et à qui
il suffit de s'exprimer à demi-mot pour être
comprise de tous. La République est un gouvernement de liberté et d'autorité acceptée.

Ce régime de liberté a pour première tâche de
restaurer les ruines de quatre années et demie
de guerre. Pour les restaurer et pour favoriser vos
intérêts économiques, c'est à vous que nous nous
adressons. Nous entendons que la consultation
des populations, que le contact avec tous les
intérêts, toutes les corporations qui représentent
ces intérêts, soient pour les administrateurs le
premier moyen de s'instruire et d'orienter leur
action. Nous vous demandons vos avis, vos conseils ; nous sommes sûrs que vous nous com-
prendrez : nous vous remercions à l'avance
de toutes les indications que vous nous don-
nerez.

Le Gouvernement de la République française
est par-dessus tout un gouvernement d'opinion ;
il se fonde sur l'opinion publique et fait appel
à sa sagesse ; dans ce pays de Lorraine il est
sûr d'être écouté. Ainsi, nos cœurs battant à
l'unisson, en plein accord de sentiments et de
raison, nous recommencerons la vie si cruellement et si longtemps interrompue avec une foi

sans bornes et une confiance illimitée dans l'avenir.

La France a cruellement souffert durant ces quatre années de guerre; elle a versé à flots son sang le plus généreux. Tous ses fils ont donné l'exemple du sacrifice. Loin d'être en décadence, comme on a voulu vous le faire croire, la France n'a jamais été plus grande, plus digne des destinées que la victoire lui a ouvertes. Ayez confiance en la France, confiance en la Lorraine.

Vive la Lorraine! Vive la France!

Messieurs,

Je suis heureux de souhaiter la bienvenue, à Strasbourg, aux membres du Conseil supérieur d'Alsace et de Lorraine.

Sa réorganisation a été une des conséquences du décret du 21 mars 1919. Dès lors qu'on groupait ici tous les services sous l'autorité du Commissaire général de la République, il était rationnel que la plus haute assemblée consultative eût son siège à Strasbourg et, qu'en dehors même de ses sessions périodiques, une section permanente, choisie par ses membres alsaciens

1. Ce discours a été prononcé à l'ouverture de la session de juin du Conseil supérieur réorganisé.

et lorrains et parmi eux, pût constamment donner au Commissaire général le concours de ses avis et de ses suggestions.

En même temps qu'était créé le nouveau Conseil supérieur, devait fatalement disparaître la Conférence d'Alsace-Lorraine.

Instituée dès février 1915 par M. René Viviani, cette assemblée a, sur les multiples et graves problèmes posés par le retour de nos deux provinces à la mère patrie, présenté des rapports et émis des avis dont le Gouvernement n'a cessé de s'inspirer. Ils fourniront à vos travaux les matériaux les plus précieux.

Aussi bien la plupart des hommes éminents auxquels ils sont dus, et à leur tête, leur président, M. Louis Barthou, font partie du Conseil supérieur; leurs nouveaux collègues, comme le Commissaire général, se félicitent de pouvoir faire appel à leurs lumières et à leur expérience.

Depuis que le régime nouveau est entré en vigueur, de nombreuses décisions ont été prises.

Il a fallu, en premier lieu, procéder à l'organisation des services d'administration générale. Ils comprennent, en outre du Secrétariat général dont l'action s'étend sur tous :

1º La Direction des Affaires militaires;

2º La Direction de l'Intérieur et de l'Administration générale;

3° La Direction générale des Finances;

4° La Direction générale du Commerce, de l'Industrie et des Mines;

5° La Direction de la Justice et des Etudes législatives;

6° La Direction générale de l'Instruction publique et des Beaux-Arts;

7° La Direction générale des Travaux publics et des voies de communication;

8° La Direction générale des Eaux et Forêts et de l'Agriculture;

9° La Direction générale du Travail, de la Législation ouvrière et des Assurances sociales;

10° La Direction du Service central des Postes, Télégraphes et Téléphones.

Vous me permettrez de rendre publiquement hommage au collaborateur de premier ordre, grâce au concours duquel a pu, en quelques semaines, être mise sur pied cette organisation complexe, et que les fatigues mêmes subies dans ce labeur excessif retiennent aujourd'hui loin de nous : j'ai nommé M. le conseiller d'Etat Emmanuel Rousseau, auquel j'adresse, en votre nom comme au mien, tous nos vœux de prompt rétablissement.

Les cadres de l'Administration générale ainsi établis, il a fallu songer à consolider la situation du personnel recruté dans la métropole,

soucieux qu'il était de savoir s'il n'avait en
Alsace et en Lorraine qu'une situation éphémère ou, dans le cas contraire, quelles conditions lui étaient faites. L'arrêté du 6 mai a
répondu à ces inquiétudes.

Il ne se propose que de régler la situation du
personnel emprunté aux autres régions de la
France. En ce moment même, les Services éta-
blissent le statut du personnel qui fut ou qui
sera recruté sur place, en s'inspirant de direc-
tives dont la principale est que, sous aucun prétexte, aucun membre de ce personnel ne saurait
subir la plus légère diminution de traitement,
ni voir disparaître aucune de ses garanties du
fait du changement de régime.

Nous devons d'ailleurs envisager et préparer
l'époque, dont la date ne saurait encore être
fixée, où, comme dans le reste de la France,
l'assimilation du personnel, quelle que soit son
origine, sera complète.

En même temps que nous travaillions à doter
les fonctionnaires, agents de la vie administrative et économique, des garanties nécessaires
pour qu'ils puissent s'adonner à leur labeur en
toute quiétude, nous nous mettions en mesure
de faire cesser une situation qui menaçait, en
se prolongeant, de réduire dans des proportions
considérables l'actif alsacien-lorrain.

Un arrêté du 17 avril a tracé les grandes lignes selon lesquelles doit s'effectuer la liquidation des biens séquestrés. La Commission instituée par cet arrêté poursuit ses travaux et procède à la rédaction des cahiers des charges.

Ce n'est pas seulement des biens allemands, mais des personnes de nationalité allemande résidant en Alsace et en Lorraine que j'ai dû me préoccuper.

Désireux de recueillir les plaintes qui s'élevaient de nombreux points du territoire et, en même temps, d'entourer de toutes les garanties d'impartialité les décisions à intervenir, j'ai institué, dans chacune de nos quatre grandes villes, une Commission présidée par un magistrat d'origine française et comprenant, avec un officier pour secrétaire, trois membres pris sur les listes présentées par les Municipalités, les Chambres de Commerce et les Syndicats ouvriers.

Si, jusqu'à la ratification des préliminaires de paix, ces Commissions n'ont à s'occuper que des requêtes à fin d'expulsion dont on les saisirait, elles seront toutes désignées, la paix signée, pour fournir au Gouvernement d'utiles indications sur les demandes d'option qui soulèveraient des objections.

Tout le monde est tombé d'accord, qu'en

dehors même des considérations de droit, il était, en fait, moralement impossible que le Parlement pût se saisir des problèmes intéressant directement l'Alsace et la Lorraine avant le jour où les représentants élus des deux provinces siégeraient dans les Chambres françaises.

Aussi, mon premier souci a-t-il été de donner toutes les instructions nécessaires pour qu'il fût procédé, d'extrême urgence, à la confection des listes électorales.

Sans doute il ne saurait être question, le jour même où l'Alsace et la Lorraine auront leur représentation normale au Parlement, de rayer, d'un trait de plume, le régime actuel pour substituer, comme par un coup de baguette, toute notre législation à celle qui régit actuellement l'Alsace et la Lorraine.

Les Chambres auront à examiner, au moment du vote de la ratification des préliminaires de paix, les dispositions spéciales qui leur seront soumises dans ce but.

En élaborant l'ordre du jour dont vous avez reçu communication, je me suis attaché à appeler votre attention et à solliciter vos avis sur quelques-unes des grandes questions qui intéressent au plus haut point la vie économique et l'avenir de l'Alsace et de la Lorraine.

L'Université de Strasbourg, objet de notre

constante sollicitude, recevra, nous en avons
la confiance, en outre des crédits budgétaires
annuels, la large dotation nécessaire aux
dépenses de premier établissement qui lui per-
mettront de conserver et d'accroître son prestige. C'est une œuvre d'intérêt national autant
qu'alsacien et lorrain, que réalisera la France
en la dotant.

Les grands travaux publics doivent être l'un
des objets principaux de vos préoccupations.

La question de la percée des Vosges vous est
soumise.

Nous serons également heureux de recueillir
votre opinion sur la mise en vigueur d'un certain nombre de dispositions financières relatives
au régime des contributions.

Les questions d'ordre social n'ont pas été ou-
bliées au programme de vos travaux.

En vous exposant l'attitude prise dans la
question si grave des assurances sociales, nous
vous indiquerons, par là même, la conception
essentielle qui inspire l'Administration.

La politique traditionnelle de la France dans
ce pays, depuis le xvii° siècle, a été de ménager, avec le plus grand soin, ses mœurs et ses
habitudes. Elle a voulu, avant tout, respecter
l'âme alsacienne pour s'en faire aimer et elle
y a réussi.

La Révolution a achevé l'œuvre de la monarchie. L'idéal républicain a conquis pour jamais des populations passionnément attachées depuis des siècles à leurs institutions démocratiques.

Serviteurs modestes et dévoués de cet idéal, comme de nos traditions nationales, nous nous efforcerons, avec votre concours, de justifier la confiance que l'Alsace et la Lorraine ont manifestée avec un si touchant élan à la France retrouvée.

(18 juin 1919)[1].

Messieurs,

Lorsque j'ai pris à Strasbourg la direction des affaires, j'ai porté immédiatement toute mon attention sur les intérêts et les vœux de la Chambre de Métiers d'Alsace et de Lorraine, institution qui est appelée à rendre au pays les plus grands services. Plus que jamais, il faut travailler à réparer les maux de cette guerre cruelle, imposée par l'Allemagne, qui n'a pas seulement atteint les vaincus, mais malheureu-

1. Ce discours a été prononcé lors de la visite que fit le Commissaire général à la Chambre de Métiers, et en réponse à l'allocution de son président, M. Schleiffer.

sement aussi, et à un haut degré, les vainqueurs.

Par tous les moyens la production doit être
développée dans toutes les branches de l'activité économique, si nous voulons sortir des difficultés actuelles; — et il faut que nous en sor-
tions. Là est le problème fondamental dont nous
devons aujourd'hui nous occuper.

Ouvriers, artisans, employés, patrons, industriels, doivent comprendre que c'est pour eux
un devoir étroit de s'attacher en commun à
développer la production : ce n'est pas seulement un devoir patriotique, c'est aussi une question de vie. Le sort de chacun d'entre nous est
étroitement lié au sort de la nation à laquelle il
appartient. Les Alsaciens et les Lorrains, qui se
sont jetés, avec tant d'enthousiasme, dans les
bras de la mère patrie enfin retrouvée, savent
très bien que si la prospérité de leur petite patrie
dépend, en partie, des efforts qui seront faits
sur le territoire de l'Alsace et de la Lorraine,
ces deux provinces sont des membres de la
grande patrie française et que leurs intérêts
sont solidaires de ceux de la France entière.
Tous ont le sentiment de cette solidarité. La
prospérité de l'Alsace et de la Lorraine est insé-
parable du sort de la France, à laquelle elle est
étroitement unie.

Après une longue période de quarante-huit années, la France a repris le rang qui lui appartient : les deux provinces qui lui sont revenues exerceront certainement une grande influence sur sa situation économique.

La victoire de l'Allemagne en 1870 explique l'essor économique de ce pays pendant les années qui suivirent.

Aujourd'hui la situation est renversée. Le droit a triomphé de la force et la France peut regarder avec confiance le chemin qui s'ouvre devant elle maintenant qu'elle a, à ses côtés, l'Alsace et la Lorraine, à tout jamais unies à elle dans la joie, comme dans la souffrance. Mais chacun, à la place qui lui est assignée, doit apporter toutes ses forces, toute sa volonté à l'accomplissement de son devoir.

Il faut que chaque ouvrier, chaque artisan, quelle que soit sa tâche, aime son métier. On ne fait bien que ce qu'on aime. Aussi la question de l'enseignement technique a-t-elle une haute importance morale. Chacun a le droit d'appartenir à une corporation, à un syndicat, pour employer l'expression contemporaine, mais entendons-nous clairement : être l'homme de son syndicat n'exclut pas d'être l'homme de son pays ; aucune corporation, aucun syndicat ne saurait émettre la prétention de se placer au-

dessus de la nation. Jamais, sous aucun prétexte, les intérêts de l'association, du syndicat,
ne peuvent entrer en conflit avec l'intérêt national.

Ce que nous sommes aujourd'hui, nous le
devons d'abord à ceux qui nous ont précédés :
nous recueillons le fruit des efforts successifs
des générations. Partout, en Alsace, dans les
villes et les bourgs, on rencontre à chaque pas
les vestiges du passé, témoins de votre amour
pour la liberté et de votre attachement à la
mère patrie.

Pour l'accomplissement de votre tâche, messieurs, comptez sur l'appui complet de l'Administration française. Hier, j'ai signé un arrêté,
— et je tiens à vous l'annoncer, — par lequel
je crée une Direction spéciale de l'Enseignement technique, industriel et commercial, à la
tête de laquelle je place M. Roux, que vous
connaissez.

Nous ferons en sorte de prendre ce que nous
trouverons de mieux dans les institutions existantes pour le fondre en un tout harmonieux
avec notre législation française : la France entière vous en sera reconnaissante.

Messieurs,

C'est devant cette maison commune que, le 9 décembre dernier, M. Poincaré, Président de la République, s'adressant à la foule qui emplissait la place Broglie, lui dit : « Le plébiscite est fait! » Aujourd'hui, ce plébiscite est renouvelé : le peuple de Strasbourg saisit toutes les occasions d'affirmer son attachement indéfectible à la France.

Ce matin, devant l'ancien palais impérial,

1. Cette allocution a été prononcée en réponse au discours de M. Peirotes, maire de Strasbourg, lorsque, pour la première fois depuis quarante-huit ans, la fête nationale fut célébrée en cette ville.

édifié par l'Allemagne comme emblème de sa puissance, nous avons vu défiler avec quel ordre, dans quelle admirable harmonie, nos troupes, toujours prêtes à répondre à l'appel de la Patrie. La population strasbourgeoise a acclamé, vous avez vu avec quel enthousiasme, les vainqueurs et les libérateurs.

Quelles sont les raisons qui valent à la France tant d'amour et de dévouement? Vous avez posé la question, Monsieur le Maire, et en même temps vous avez donné la réponse. Elle tient en un mot : la liberté, dont la République française est le symbole et le garant.

Cette liberté, l'Alsace la fête aujourd'hui. Elle voit devant elle s'ouvrir un avenir où se réaliseront pacifiquement nos rêves et nos aspirations sociales. Le 14 Juillet est la fête de la France et la fête de la République. Je lève mon verre à l'Alsace française et à la République!

Messieurs,

Au nom de l'Alsace et de la Lorraine, je suis heureux d'adresser nos remerciements et nos souhaits de bienvenue aux membres du Gouvernement qui ont bien voulu, au milieu des préoccupations de leurs lourdes charges, prendre le temps de nous rendre visite, et aux organisateurs de l'exposition qui s'ouvre aujourd'hui.

Nous sommes des amis et des collaborateurs d'ancienne date : le 24 juin 1901, j'avais l'honneur de contresigner le décret déclarant d'utilité publique le Comité français des Expositions.

Déjà, il pouvait inscrire à son actif des services éminents rendus à la cause de l'industrie, de l'agriculture et du commerce français. Depuis lors, il n'est guère d'année qu'il n'ait marquée d'une manifestation extérieure.

La guerre avait suspendu le cours de son activité. Il a voulu en signaler la reprise par un coup d'éclat. Il se joue des difficultés. Le temps, pour lui, ne compte pas. C'est d'ailleurs une vieille tradition, que j'ai personnellement vérifiée et à laquelle il y aurait sans doute quelque inconvenance à manquer, qu'une exposition ne soit pas prête le jour de son inauguration.

La plaquette du Comité français des Expositions s'ornerait à juste titre de l'antique devise dont toute son existence démontre l'exactitude : *Audaces fortuna juvat.*

Comment la fortune l'eût-elle abandonné le jour où il prenait l'initiative de célébrer le retour à la France de l'Alsace et de la Lorraine?

Vous avez été, ce matin, les hôtes charmés de la kermesse alsacienne qui se déroule dans le joli décor de l'Orangerie. Vous y avez admiré un des aspects familiers de la vie alsacienne; le gai vin d'Alsace, sa bière, ses pâtisseries vous ont fait accueil, les cigognes même ne manquaient pas au rendez-vous.

De là, vous vous êtes rendus vers des attrac-

tions plus austères, mais non moins dignes de
vous retenir. L'exposition industrielle, commerciale, agricole, vous a successivement appelés à
l'ancienne gare de l'Est, souvenir du vieux
temps français, au palais du kaiser, témoignage
éclatant du goût teuton.

Les produits de la France de 1914 voisinent
ou voisineront avec ceux de l'Alsace et de la
Lorraine.

Mon ami, M. le sénateur Dupont, président du
Comité français, a déployé des efforts dont nous
lui sommes profondément reconnaissants, pour
mettre en contact les producteurs de tous
ordres de nos provinces retrouvées avec ceux
de la mère patrie.

C'est en effet le caractère distinctif de cette
manifestation, qu'elle se propose d'apprendre
aux frères, enfin réunis, à se mieux connaître.

Ce n'est pas mon intention de dresser en cette
fin de banquet un inventaire des richesses de
tous genres dont sont dotées l'Alsace et la Lorraine : richesses du sol, richesses du sous-sol,
eaux, forêts. Combien de sollicitations pour le
génie et l'activité de l'homme !

Le devoir des pouvoirs publics est de ne rien
négliger pour permettre à nos laborieux compatriotes de porter au maximum le rendement de
leur industrie.

Les moyens de transport doivent être améliorés, accrus. Déjà, sur deux points, au nord et au sud, la percée des Vosges est décidée.

Le Rhin, dont nous bordons le cours sur une importante longueur, n'est pas seulement pour la France, comme pour la Suisse et l'ensemble des nations de l'Europe occidentale, une route qui marche : il est destiné à fournir en quantité à l'industrie la force motrice qui est pour elle le premier besoin.

Un projet conçu à ces fins est pris en considération. Il va être soumis à l'enquête.

Le port de Strasbourg-Kehl, constitué en vertu de l'article 65 du Traité de paix, recevra de l'impulsion vigoureuse des intéressés l'élan qui permettra à notre cher Strasbourg de jouer le rôle économique pour lequel le désigne sa situation.

Un obstacle lui barrerait infailliblement la route; je veux parler de la disposition de notre législation douanière qui frappe d'une surtaxe d'entrepôt certains produits débarqués dans un port d'Europe, non français, et réexpédiés, de là, en France. Son application anéantirait l'utilisation de la voie du Rhin par Strasbourg, qui reçoit d'Anvers, d'Amsterdam, de Rotterdam, de nombreuses marchandises.

Les Chambres de Commerce de la mère patrie

l'ont compris. Elles se sont mises d'accord dans les réunions tenues à Paris pour proclamer qu'il était d'un intérêt national que l'Alsace et la Lorraine pussent continuer à bénéficier entièrement de la voie du Rhin.

Elle ont demandé, en conséquence, l'assimilation de Strasbourg à un port de mer français.

Je remets avec confiance aux mains de M. Clémentel, notre actif et éclairé ministre du Commerce, le vœu des Chambres dont il a le haut patronage et le sort de Strasbourg.

Il obtiendra aisément, j'en suis sûr, de son collègue des Finances, que satisfaction soit donnée sans délai à un souhait dont la réalisation est pour Strasbourg, comme pour l'Alsace et la Lorraine, une question vitale.

Messieurs, l'exposition dont nous fêtons ce soir l'ouverture ne s'occupe pas seulement des produits : le bien-être du producteur est son souci capital et l'une de ses parties essentielles est la Section d'Economie Sociale, dont mon éminent collègue au Parlement, M. le sénateur Lourties, a présidé à l'installation avec le concours du plus actif et du plus éloquent de nos exposants, M. le professeur Léopold Mabilleau.

La mutualité, les habitations ouvrières, les œuvres d'assistance et de bienfaisance en forment la matière et je n'aurai garde d'oublier les assurances sociales dont ce pays présente des applications si dignes d'attention.

Monsieur le Ministre du Travail, mon ami, M. Colliard, connaît à merveille ces questions, non seulement parce que la plupart d'entre elles relèvent de son administration, mais pour les avoir depuis longtemps traitées au Parlement. Il n'a pas, j'en suis sûr, oublié l'époque où nous préparions, de concert, la loi sur la journée de dix heures, à laquelle il lui était réservé de donner, dix-neuf ans plus tard, sa suite naturelle avec la loi sur la journée de huit heures.

C'est surtout à propos de ces questions sociales d'un si haut et si poignant intérêt, qu'apparaissent le bienfait et la nécessité d'une communication et d'un échange entre les deux législations qu'il s'agit d'harmoniser, — la française et celle qui régit aujourd'hui l'Alsace et la Lorraine. Ainsi seulement nous mènerons à bien l'étude et la solution de tant de problèmes délicats et complexes; nous assurerons à toutes les manifestations de l'activité humaine leur plein développement.

Il apparaît aujourd'hui, plus nettement que jamais, que s'imposent l'union étroite, l'accord fécond de l'industrie et de la science.

L'Université de Strasbourg ne se dérobera

pas, j'en donne en son nom l'assurance, au devoir qui s'impose à elle de faciliter, sous toutes
les formes, l'alliance de la recherche désinté-
ressée et des applications pratiques.

Monsieur le Ministre de l'Instruction publique,
mon ami M. Lafferre, que je suis particulièrement heureux de saluer, a donné du haut de
la tribune de la Chambre l'assurance, recueillie
ici avec gratitude, que le Gouvernement ne ména-
gerait aucun effort pour maintenir et accroître
le prestige d'une institution qui ne date pas
d'ailleurs du régime allemand et qui, bien avant
lui, avait conquis ses lettres de noblesse.

M. Lafferre n'aura pas de peine, j'en suis sûr,
à faire accepter de M. le Ministre des Finances,
puis du Parlement, le projet de crédit de vingt-
huit millions en faveur de l'Université de
Strasbourg, dont je viens de saisir le Gouvernement.

Ainsi, Messieurs, sous toutes les formes et
dans tous les domaines, l'Alsace et la Lorraine
travaillent. Elles se donnent de toutes leurs
forces, de tout leur cœur, à ce labeur intensif,—
devoir primordial de l'heure présente, — qui
seul permettra d'effacer, dans la France entière,
les traces horribles de la guerre et de tirer de
la victoire les fruits qu'elle nous doit.

Cette œuvre de réparation, nous sommes

fiers, Messieurs les Ministres, de l'accomplir sous les auspices du grand citoyen dont le nom incarnera dans l'avenir cette glorieuse période de l'histoire de notre France, M. Georges Clemenceau et sous le septennat du Lorrain illustre auquel aura été réservée la rare faveur de présider à la réalisation du plus cher de ses rêves.

Je vous demande de vous unir à moi pour lever vos verres en l'honneur de Monsieur le Président de la République.

DISCOURS

A L'OCCASION DE L'ANNIVERSAIRE DE LA GUERRE

(9 août 1919)[1].

Messieurs,

La France communie aujourd'hui dans un
même sentiment de gratitude envers les combattants français de la Grande Guerre.

Pour l'Alsace et pour la Lorraine, le retour
du mois d'août évoque chaque année les jours
funèbres de 1870 où, dès le début de la guerre,
se déroulèrent sur leur sol, en une suite ininter-
rompue de revers, après l'éphémère et illusoire
succès de Sarrebrück, les combats de Wissem-

1. Ce discours a été prononcé à l'Université de Strasbourg, en présence du général Gouraud, devant les étudiants et anciens étudiants, les élèves des lycées et écoles,
les vétérans de 1870-71.

bourg, de Frœschwiller, de Forbach, de Gravc-
lotte, prologue tragique du drame qui devait
aboutir à leur immolation.

Je m'incline avec respect devant les survivants qui furent les acteurs de ce drame : les
Vétérans qui portent sur leur poitrine l'emblème
commémoratif d'honneur et de deuil.

Ils figurèrent au nombre des combattants de
l'Année terrible. Ils furent des héros qui, en
sauvant l'honneur, sauvegardèrent l'avenir.

Si la bravoure sans limite et l'abnégation
poussée jusqu'au sacrifice suprême eussent suffi
à donner la victoire, les cuirassiers de Reichs-
hoffen et leurs immortels émules les zouaves,
les fantassins, les turcos, nous l'auraient assurée.

Le jour où, après une admirable résistance,
Strasbourg, écrasé sous les obus et dévasté par
l'incendie, fut acculé à la reddition, le général
Ubrich adressait à la population et à l'armée une
proclamation qui se terminait par ces mots :

« Fermons les yeux, si nous le pouvons, sur
le triste et douloureux présent, et tournons-les
vers l'avenir; là, nous trouverons le soutien des
malheurs : l'Espérance.

« Vive la France, à jamais!

« Fait au Quartier général, le 27 septembre 1870. »

A cette date, la République avait remplacé
l'Empire écroulé sous le poids de ses fautes.
Par la voix du jeune tribun qui, pendant cinq
mois, incarna la Défense nationale, elle fit sur-
gir de terre des armées improvisées qui, sous la
conduite des Chanzy, des Jauréguiberry, des
Faidherbe purent, en plus d'une circonstance,
donner l'illusion que la fortune allait changer
de camp.

Tout fut inutile. Après Strasbourg, Paris dut
capituler.

L'Allemagne triomphait. La carte au liséré
vert que, dès septembre 1870, l'État-major général prussien avait publiée à Berlin, comme celle
du Gouvernement général d'Alsace, marqua la
nouvelle frontière.

La patriotique obstination de Thiers ne réus-
sit qu'à obtenir la modification qui nous conservait Belfort.

Il sied, en ce jour de fête et d'anniversaire,
de rappeler, une fois de plus, la déclaration
qu'au moment où ils allaient être arrachés à
leur patrie, les représentants unanimes de l'Alsace et de la Lorraine portèrent à la tribune de
l'Assemblée Nationale, comme le cri suprême
de la conscience violentée contre la force triomphante :

« Les représentants de l'Alsace et de la Lorraine ont déposé, avant toute négociation de paix, sur le bureau de l'Assemblée Nationale, une déclaration affirmant de la manière la plus formelle, au nom de ces deux provinces, leur volonté et leur droit de rester françaises.

« Livrés, au mépris de toute justice et par un odieux abus de la force, à la domination de l'étranger, nous avons un dernier devoir à remplir.

« Nous déclarons encore une fois nul et non avenu un pacte qui dispose de nous sans notre consentement.

« La revendication de nos droits reste à jamais ouverte à tous et à chacun dans la forme et dans la mesure que notre conscience nous dictera.

« Au moment de quitter cette enceinte où notre dignité ne nous permet plus de siéger, et malgré l'amertume de notre douleur, la 'pensée suprême que nous trouvons au fond de nos cœurs est une pensée de reconnaissance pour ceux qui, pendant six mois, n'ont pas cessé de nous défendre, et d'inaltérable attachement à la patrie dont nous sommes violemment arrachés.

« Nous vous suivrons de nos vœux et nous attendrons, avec une confiance entière dans l'avenir, que la France, régénérée, reprenne le cours de sa grande destinée.

« Vos frères d'Alsace et de Lorraine, séparés
en ce moment de la famille commune, conser-
veront à la France, absente de leurs foyers, une
affection filiale, jusqu'au jour où elle viendra y
reprendre sa place. »

Cette protestation a été pendant quarante-
neuf ans l'évangile des provinces martyres. Elle
a affecté, selon les circonstances et les temps,
des formes diverses, parfois en apparence oppo-
sées.

Pour sauver leurs fils auxquels l'Allemagne
victorieuse et implacable s'était refusée à épargner, fût-ce pendant les premières années de la
conquête, l'humiliante servitude du casque à
pointe, beaucoup franchirent la frontière, bri-
sant les liens matériels et moraux qui les atta-
chaient à leur pays d'origine.

D'autres, qui ne furent pas moins courageux,
restèrent pour maintenir, en face des Allemands,
la tradition et l'esprit français.

Que d'épreuves les attendaient ! Pour les
réduire, tous les procédés furent bons ; tantôt
l'Allemagne s'efforça de les séduire ; tantôt,
exaspérée de n'y pouvoir parvenir, elle fit régner
sur l'Alsace-Lorraine ce régime de terreur
muette qu'un de vos plus nobles représentants, le
député Reiss, qualifiait, un jour, de ce mot saisissant et vengeur : « La paix des cimetières ».

A travers ces épreuves, l'Alsace et la Lorraine gardaient intacte, au fond de leur cœur, l'espérance.

Elle se manifestait à certains jours, au moment que le vainqueur s'y attendait le moins, en des explosions soudaines et irrésistibles, comme celle, qui, le 17 octobre 1909, à l'inauguration du monument de Wissembourg, fit jaillir du cœur et des lèvres de la foule, accourue pour honorer les morts de 1870, l'hymne de Rouget de l'Isle devant les officiers allemands furieux et impuissants.

Aussi, la guerre déclarée, l'Allemagne n'eut pas un instant d'hésitation : elle traita en ennemies déclarées l'Alsace et la Lorraine. La prison, l'exil s'abattirent sur ses habitants dont quelques-uns payèrent de leur vie leur fidélité.

Proscrits d'Alsace et de Lorraine, la France vous honore et vous salue. Elle ne vous oubliera point.

Cependant, de l'autre côté de la ligne bleue des Vosges, la même espérance incoercible qui vous animait dictait à Gambetta l'invocation fameuse que, dans son discours de Cherbourg, il adressait à la « Justice immanente ».

C'est cet espoir qui maintint debout et frémissant jusqu'au jour où, à la veille de la réalisation de son unique pensée, il fut terrassé par

la maladie, le Tyrtée de la revanche, Paul Dérou-
lède.

Si elle ne cessait d'espérer contre l'espérance,
la France, cependant, non plus que l'Alsace ni
la Lorraine, n'envisagea à aucun moment l'hy-
pothèse qu'elle pût déchaîner la guerre pour
venger le droit.

Pourtant les leçons de la défaite n'avaient pas
été perdues; tenus, d'ailleurs, en haleine par les
incidents qu'à des intervalles de plus en plus
rapprochés, soulevait l'Allemagne; silencieu-
sement, les vaincus de 1870 se préparaient à
soutenir, si le destin les y forçait, la lutte qui
devait être décisive; l'armée travaillait, l'École
de guerre formait nos états-majors et nos chefs,
les expéditions coloniales dressaient nos officiers
au salutaire apprentissage des initiatives et des
responsabilités.

Le jour vint où, sur un coup de dés, l'Allemagne joua son sort et celui du monde.

Le 2 août 1914, commençait la mobilisation
de l'armée française! Avec quel ordre elle s'ac-
complit! Dans quel enthousiasme grave et
réfléchi! Aucun de ceux qui en furent témoins
ne l'oubliera jamais.

Le 3 août, l'Allemagne déclarait la guerre à
la France, les hostilités étaient ouvertes; elles
allaient se prolonger cinquante-deux mois!

Cinquante-deux mois, dont chaque jour a été marqué par le sacrifice de vies humaines !

En venant ici, chacune de vos délégations s'est arrêtée, pour y déposer une palme, devant le cénotaphe élevé à la mémoire de nos morts.

Ils sont tombés par centaines de mille ! Ils sont morts pour que la France vive ! Ils sont morts pour que soit réparée l'iniquité de 1871, pour que l'Alsace et la Lorraine reprennent au giron de la mère patrie la place d'où la force brutale les avait arrachées ; pour que les autres Alsace-Lorraine, — la Pologne, la Bohême, le Sleswig, Trieste et le Trentin, la Serbie, les Yougoslaves, les Tchéco-Slovaques, l'Arménie, la Syrie, — voient se lever le jour de la justice et de la réparation.

Il est d'autres victimes de la guerre. Si des acclamations s'élèvent sur vos pas, mon cher général (¹), chaque fois que ce peuple d'Alsace vous aperçoit, elles ne sont pas seulement l'expression de sa gratitude pour l'un de nos plus illustres chefs, pour celui dont, le 15 juillet 1918, l'armée, ouvrant notre offensive victorieuse, signifia aux Allemands qu'ils n'iraient pas plus loin.

1. Le général Gouraud.

En vous, la reconnaissance populaire salue le mutilé glorieux, symbole vivant de tant d'héroïques sacrifices stoïquement consentis à la patrie.

Nous embrassons, en ce jour, dans une manifestation de gratitude infinie, tous les combattants français, du généralissime au plus humble poilu, qui, pendant quatre ans et demi, ont, de la mer du Nord à la trouée de Belfort, inlassablement tenu, jusqu'au jour où, passant à l'attaque, ils ont, en moins de quatre mois, jeté l'Allemagne à genoux.

Inclinons-nous bien bas devant leurs drapeaux, dans les plis desquels palpite l'âme même de la France.

Et vous, étudiants, enfants de nos lycées et de nos écoles, qui entrez dans la vie sous les ailes de la victoire, n'oubliez jamais la dette que vous avez contractée envers vos libérateurs ! Souvenez-vous !

De grands devoirs vous attendent, jeunes Alsaciens et Lorrains que les sacrifices de la France et de ses alliés ont faits pour toujours citoyens de la République française !

Nous ne vous prêchons ni la haine, ni la vengeance ; mais nous ne voulons pas que, comme nous avons failli l'être, vous risquiez d'être dupes et de compromettre ainsi l'héritage dont désormais, pour une part, vous recevez la charge.

Vous n'avez plus seulement, en effet, des devoirs envers l'Alsace : la France compte sur vous. Depuis quarante-neuf ans, elle poursuit et elle a mené à bien l'expérience la plus ardue qu'aucune grande nation européenne eût encore tentée. Inspirée du souffle de la Révolution française, elle a entrepris de se gouverner elle-même sous le seul empire de la raison.

Bien des crises intérieures ont traversé ce demi-siècle de gouvernement républicain. La France les a toutes surmontées, jusqu'à réussir la solution de ce problème, proclamé par beaucoup insoluble, d'adapter les organes d'une démocratie parlementaire aux nécessités de la guerre.

En prenant votre place dans les rangs des citoyens de cette grande nation dont il est permis à ses fils de dire, sans faux orgueil, qu'elle n'a jamais séparé ses intérêts particuliers de ceux de l'humanité et que son idéal fut toujours le plus haut et le plus large, vous n'abdiquez pas, à coup sûr, votre droit de critique.

Dans la France, une et indivisible, le même droit vous est ouvert, ainsi qu'à tous ses enfants, de défendre par les voies légales, dans la liberté et dans l'ordre, vos conceptions particulières.

Mais vous sentez bien quel surcroît de force et de prestige apporte à chacun de vous, pour le développement de sa personnalité, la qualité de citoyen français.

Si l'Alsace et la Lorraine sont demeurées invariablement fidèles à la France, si elles ont fermé l'oreille aux flatteries comme aux menaces teutonnes, c'est qu'une expérience séculaire leur avait permis de goûter la générosité et le charme du génie de la France. Librement et pour toujours elles s'étaient données à elles; elles ne se sont jamais dédites.

La France le sait. En vous reprenant dans ses bras, avec les sentiments d'une mère pour des enfants si longtemps séparés d'elle, elle entend tout mettre en œuvre pour vous rendre aisé et comme insensible le passage toujours délicat d'un régime à un autre.

Près de vous elle rencontre d'autres hôtes. La France n'infligera pas aux Allemands immigrés le traitement qu'Alsaciens et Lorrains ont subi de l'empire allemand. Elle le voudrait qu'elle ne le pourrait pas. Il est des besognes pour lesquelles nous ne sommes pas faits. Mais la justice est une chose, et la faiblesse en est une autre. L'attitude des immigrés dictera la nôtre. Si nous ne leur imposons pas un exode général, nous entendons qu'ils s'abstiennent scrupuleusement de toute intrusion directe ou indirecte dans les affaires publiques du pays qui les abrite généreusement.

Nous n'attendons d'eux aucun engagement. De quelle garantie nous serait-il?

Ce n'est pas en ce pays qu'il est utile de conseiller la défiance! Vous n'avez pas eu besoin d'attendre le mois d'août 1914 et les déclarations cyniques du chancelier de Bethmann-Hollweg pour savoir quel compte tenir de la parole allemande.

Nous sommes résolus à juger les Allemands sur leurs actes et à les traiter en conséquence.

Et maintenant, au travail!

Le Traité de paix, compromis inévitable entre les points de vue parfois divergents des alliés, apporte à la France, avec la restitution de ses deux provinces, des gages dont on peut apprécier différemment la valeur. Tels qu'ils sont, il importe de les utiliser au mieux.

Le dévouement à la patrie, l'esprit de sacrifice, l'union étroite entre tous les Français, la volonté tenace de remporter la victoire nous ont fait gagner la guerre.

Ce n'est pas autrement que nous gagnerons la paix.

Le dévouement à la grande comme à la petite patrie, la répudiation des discordes intestines, la volonté inflexible de travailler et de produire, —

ces vertus civiques sont les instruments nécessaires de notre grandeur et de notre prospérité.

En ce jour anniversaire, consacré à honorer
la mémoire des combattants français de la
Grande Guerre, prenons l'engagement solennel
de maintenir la France victorieuse et pacifique
aux cimes glorieuses où nos morts l'ont élevée.

Vive la France !
Vive la République !
Vivent l'Alsace et la Lorraine !

L'ALSACE ET LA LORRAINE[1]

L'Alsace-Lorraine a été l'enjeu de la guerre.

L'Allemagne l'a déchaînée pour étendre et consolider la suprématie que son orgueil rêvait, depuis que, le 18 janvier 1871, dans la galerie des glaces, à Versailles, avait été fondé l'empire allemand.

Victorieuse, elle obtenait du moins la consécration du traité de Francfort, la reconnaissance que la Force prime le Droit.

Vaincue, elle abjurait, en rendant l'Alsace et la Lorraine à la France des bras de laquelle elle les avait arrachées, la doctrine mère du pan-germanisme.

L'Alsace-Lorraine était devenue un symbole.

Sur la volonté des deux provinces, aucune hésitation n'était possible.

1. Article paru dans le *Times* du 6 septembre 1919.

Leurs représentants unanimes avaient, à l'Assemblée Nationale, dans la séance historique du 1er mars 1871, déclaré « nul et non avenu » un pacte qui disposait d'elles sans leur consentement.

Pendant quarante-trois ans, elles multiplièrent sous toutes les formes leurs protestations. Ni la menace, ni la flatterie ne parvinrent à les réduire. A la veille de la guerre, l'incident fameux de Saverne fit éclater à tous les yeux l'échec total de l'entreprise germanique.

Si quelque part on conservait un doute sur la sincérité et la profondeur des sentiments gardés à la France par l'Alsace et la Lorraine, le spectacle de la rentrée, sur leur territoire, de nos troupes fut bien fait pour le dissiper.

Dans les plus humbles bourgades comme dans les grandes villes, il se produisait une explosion d'enthousiasme dont l'intensité et l'émotion arrachèrent des larmes à tous ceux qui en furent témoins.

Selon le mot expressif et si juste du Président de la République à l'Hôtel de ville de Strasbourg, le 9 décembre 1918, « le plébiciste était fait ».

A coup sûr, la transition d'un régime à l'autre, d'une législation à l'autre, pose bien des problèmes.

Un demi-siècle compte dans la vie d'un peuple.

La France, qui a toujours tenu à ménager les habitudes et les traditions alsaciennes et lorraines, ne s'était même par souciée, avant 1870, d'introduire dans toutes les écoles l'enseignement du français.

Elle retrouve aujourd'hui cette différence de langue comme un obstacle, et non le moindre, à une assimilation rapide.

Alsaciens et Lorrains tiennent d'ailleurs à leurs coutumes. Ils sont passionnément Français, ce qui ne les empêche pas d'être en même temps étroitement attachés à leur petite patrie.

Comment la France songerait-elle à se plaindre d'un particularisme qui a été la plus efficace défense contre l'emprise allemande?

Comme disent nos amis italiens, *tempo è galantuomo*. Il arrange et concilie beaucoup de choses. Il réussira à régler même l'épineuse question des Allemands immigrés.

Un certain nombre déjà ont quitté l'Alsace et la Lorraine. De ceux qui souhaitent y demeurer, la France réclame un loyalisme sans réserve, une abstention totale dans les affaires publiques. Ils seront jugés sur leurs actes et traités en conséquence.

Aussi bien, pour l'Alsace et la Lorraine,

comme pour le reste du monde, aujourd'hui le problème capital, on pourrait presque dire le problème unique, est celui de la production.

Alsace et Lorraine sont riches en ressources naturelles. Le sol et le sous-sol offrent à l'envi des raisons de labeur. Vigne, houblon, céréales, minerai de fer, potasse, houille, pétrole, sollicitent l'activité de l'homme.

C'est affaire au Gouvernement de ne rien négliger pour favoriser l'exploitation de ces richesses par la race robuste et sérieuse qui en est la détentrice.

Orientées depuis cinquante ans vers l'Est, l'Alsace et la Lorraine demandent aujourd'hui que les communications leur soient facilitées avec la France.

Au nord et au sud des Vosges, deux percées sont d'ores et déjà décidées.

Les industries qui peuplent la riche plaine d'Alsace, et qui ne demandent qu'à s'y multiplier, attendent du Rhin la houille blanche qui leur donne la force motrice. La première partie du canal latéral au Rhin, de Huningue à Kembs, est à l'enquête. En même temps qu'il favorisera la navigation, il créera une source considérable d'énergie.

Les Alliés ont justement compris que livrer le port de Strasbourg à la concurrence du port de Kehl, son voisin et rival favorisé jusqu'alors du Gouvernement de Berlin, c'était tuer le port de Strasbourg.

L'article 65 du Traité de paix, en prévoyant la constitution en un organisme unique d'exploitation pour une durée de sept années, qui peut être prolongée jusqu'à dix, des ports de Strasbourg et de Kehl, donne le temps à celui de Strasbourg de réaliser les travaux nécessaires pour être en état de supporter la concurrence.

Dans quelques semaines, l'Université française de Strasbourg enverra à toutes les Universités alliées une invitation à se faire représenter à l'inauguration de ses cours le 22 novembre 1919, jour anniversaire de l'entrée des troupes françaises à Strasbourg.

Ce jour-là, les étudiants alsaciens et lorrains et leurs maîtres seront heureux d'accueillir et de fêter leurs camarades et émules de Grande-Bretagne, des Etats-Unis, d'Italie, de tous les pays qui ont uni leurs armes et mêlé leur sang pour libérer, avec l'Alsace-Lorraine, le monde civilisé du joug du militarisme allemand.

A. MILLERAND.

DISCOURS
SUR LE RÉGIME TRANSITOIRE DE L'ALSACE
ET DE LA LORRAINE

(*Chambre des députés, séance du 1ᵉʳ octobre 1919*).

M. MILLERAND, *Commissaire général de la
République à Strasbourg, Commissaire du Gouvernement.* — Messieurs, c'est la première fois
que le Parlement est appelé à régler le régime
de l'Alsace et de la Lorraine.

M. JEAN BON. — C'est monstrueux !

M. LE COMMISSAIRE DU GOUVERNEMENT. — La
Chambre a compris et tous les orateurs qui se
sont fait entendre ont marqué de quelle manière
un pareil débat devait être abordé et conduit :
c'est en examinant exclusivement le problème
en soi, en se préoccupant des seuls intérêts de

l'Alsace et de la Lorraine, sans parti pris, sans idée préconçue, sans prétendre faire triompher, sur un cas particulier, telle ou telle thèse générale.

Pour moi, qui ai été profondément touché du témoignage que certains de mes collègues ont bien voulu rendre des efforts que, depuis six mois, j'ai faits pour ne pas rester trop au-dessous de la lourde et belle tâche qui m'a été confiée, j'apporte à la Chambre les renseignements qu'un témoin lui doit : je viens lui dire ce que j'ai vu, ce que je constate chaque jour et la solution qui me paraît se dégager impérieusement d'un examen scrupuleux et absolument impartial. (*Très bien! Très bien!*)

Dès le 7 avril, quinze jours donc après avoir pris possession de mes fonctions, je demandai au Gouvernement de vouloir bien examiner un projet qui aurait pour but, au moment où viendrait la ratification du Traité de paix, de prolonger le régime transitoire de l'Alsace et de la Lorraine. Pourquoi avais-je été conduit si vite à cette conclusion? Trois idées, qui, je crois, ne rencontrent pas ici d'objection, qui m'ont paru l'une après l'autre affirmées même par les orateurs qui combattent les conclusions de votre Commission d'administration générale, s'étaient imposées à moi.

La première est qu'il est moralement impossible que la législation locale d'Alsace et de Lorraine soit législativement modifiée sans la participation des représentants élus de l'Alsace et de la Lorraine. Je dis : la législation locale et non la législation allemande, parce que, dans la législation alsacienne et lorraine, à côté bien entendu de très nombreux textes de législation allemande, subsistent un certain nombre de textes en vigueur dès avant 1870, telle la loi de 1841 sur l'expropriation.

Cette législation locale, — sur ce point, l'accord est unanime, — ne peut être modifiée que par le Parlement nouveau où siégeront et où auront le droit de se faire entendre les représentants élus de l'Alsace et de la Lorraine.

La conclusion c'est jusque-là, fatalement, le *statu quo*.

Il est une seconde idée dont l'expérience n'a que trop consacré l'exactitude : l'impossibilité d'administrer les services d'Alsace et de Lorraine de Paris, comme on peut faire des services d'un département quelconque de l'ancienne France. Pourquoi? Par la raison bien simple que le maintien précisément de la législation locale et des règlements qui y correspondent, — lois et règlements inconnus des administrations centrales à Paris, — ne leur permet pas d'administrer, alors qu'elles ne sont même pas en situation de se rendre compte des conditions dans lesquelles se présente sur place un problème et des éléments multiples dont il faut tenir compte pour le résoudre.

La conclusion a été, au bout de quelques mois d'expérience, le décret du 21 mars et l'institution d'un Commissariat général de la République qui sortait de la nature des choses. Lorsque hier le Gouvernement belge avait à se préoccuper de l'administration des territoires nouveaux que lui donne le traité de Versailles, il proposait au Parlement l'institution, en s'inspirant des décrets français, d'un haut commissaire muni de pouvoirs analogues.

La troisième idée, c'est que je ne conçois pas, pour ma part, — tous les orateurs l'ont dit avant moi, — je ne conçois pas la possibilité de substituer d'ensemble la législation française à la législation locale.

Pourquoi? On en a donné la raison depuis longtemps et on l'a reproduite au cours de cette discussion.

Que vous feuilletiez la riche documentation de la Conférence de l'Alsace et de la Lorraine, instituée dès février 1915 par M. René Viviani, ou du Comité d'études écononomiques et administratives présidé par notre vénéré collègue, M. Jules Siegfried, ou qu'à Strasbourg vous voyiez se dérouler la marche des affaires, vous arrivez fatalement à cette conviction que, loin de substituer la législation française en bloc à la législation locale, dans la plupart des matières, au contraire, force est d'étudier les deux législations pour arriver non pas à la substitution globale d'une législation à l'autre, mais à la fusion, à la pénétration des deux législations. (*Très bien! Très bien!*)

Faut-il en donner des exemples? Il y en a un classique, qui a été cité cent fois, c'est celui des assurances sociales. Il est bien certain que l'Alsace-Lorraine n'accepterait pas aisément d'être privée d'une législation qui a fait ses preuves, à laquelle nous avons un intérêt certain à faire de nombreux emprunts. (*Très bien! Très bien!*) Faut-il citer un autre exemple tiré du Code civil? Il existe en Alsace et en Lorraine un régime foncier, celui de l'act Torrens, dont, dès 1896, l'exposé des motifs d'un projet de loi disait qu'il était urgent de l'introduire dans notre législation pour en faire disparaître notre régime hypothécaire. (*Très bien! Très bien!*)

On ne peut donc songer, c'est l'évidence, à introduire des lois condamnées par nous-mêmes à la place d'autres dont nous reconnaissons la supériorité.

M. Mauger. — Les ouvriers agricoles ont le bénéfice de la loi sur les accidents.

M. le Commissaire du Gouvernement. — Je pourrais citer beaucoup d'autres exemples.

Ces trois idées aboutissent, logiquement, aux conclusions que vous apporte notre Commission d'administration générale. D'abord au maintien d'un régime transitoire.

Ce régime transitoire implique, tout le monde jusqu'à présent du moins l'a accepté, le maintien d'un Commissaire général de la République, ayant les pouvoirs administratifs qu'il possède aujourd'hui sur l'ensemble des provinces reconquises.

A côté de ce Commissaire général, existe actuellement un Conseil supérieur contre lequel se sont fait jour les critiques les plus vives, et permettez-moi de le dire, les plus injustes.

C'est mal connaître les Alsaciens et les Lorrains que de penser que le Conseil supérieur puisse être aux ordres de l'Administration, prêt à émettre les avis que celle-ci désire.

M. Adrien Veber. — Personne n'a dit cela !

M. Ernest Lafont. — Vous supposez qu'on aurait pu le dire.

M. le Commissaire du Gouvernement. — On a dit, et vous-même, M. Lafont, vous l'avez oublié sans doute, que c'était là un conseil purement décoratif, destiné à servir, on a employé le mot, de « paravent » au Commissaire général de la République.

La vérité est toute différente. C'est avec une absolue bonne foi, je vous prie d'en être convaincu, sans aucun parti pris, que le Conseil supérieur a été composé. Nous avons essayé d'y faire entrer des représentants de tous les partis et de toutes les croyances; on y peut voir des ecclésiastiques, des secrétaires généraux de syndicats ouvriers.....

M. Jean Bon. — Les croyances n'ont rien à voir là.

M. Georges Vandame. — Elles comptent pour quelque chose en Alsace et en Lorraine, si elles ne comptent pas pour vous. .

M. Jean Bon. — Vous n'allez pas y faire entrer des représentants de toutes les croyances?

M. le Commissaire du Gouvernement. — Je vous demande pardon, je crois bien que toutes y sont représentées.

Ce Conseil supérieur a donné sur toutes les questions qui lui étaient soumises ou dont il se saisissait, avec une indépendance absolue, les avis les plus précieux. Ce n'est donc pas un organe inutile que ce Conseil supérieur.

On dit : « Il doit pourtant disparaître le jour où les élus d'Alsace et de Lorraine auront été désignés par le corps électoral. »

Entendons-nous. Si l'on veut signifier par là, — et c'est la pensée que M. Albert Thomas exprime dans son amendement, — que, le jour où le corps électoral aura été consulté, il importe que le Conseil supérieur soit, lui aussi, recruté par l'élection au lieu d'être composé comme il a bien fallu qu'il le fût, — on ne pouvait pas faire autrement, — par le choix du Gouvernement, je n'y vois aucune objection et même j'ai eu l'occasion de le dire dans le sein du Conseil, à l'un de ses membres, l'honorable M. Peirotes, au moment où précisément le Conseil supérieur, à l'unanimité moins une voix, venait de se déclarer favorable au projet dont vous êtes saisis. A ce moment-là, j'ai dit à l'honorable M. Peirotes, et je répète ici, que je trouve tout naturel que, le moment venu où, les corps électoraux constitués, le Conseil supérieur pourra être recruté lui-même par l'élection, il en soit ainsi.

M. Adrien Veber. — Pardon ! M. Peirotes n'a pas dit tout à fait ce que vous lui faites dire. Il a dit : « S'il est nécessaire qu'un Conseil supérieur soit maintenu... ». Par conséquent, M. Peirotes, lui-même, a réservé la question. Or, il n'apparaît pas, à travers les phrases que vous venez de prononcer, que M. Peirotes avait fait cette réserve. Je devais le dire à la Chambre. (*Interruptions à l'extrême-gauche.*)

Vous interprétez à votre façon, laissez-moi interpréter à la mienne.

M. Albert Thomas. — J'interprète à ma façon, d'après les débats du Conseil supérieur, d'après la manière dont M. Peirotes a déposé son vœu et d'après toutes mes conversations avec mes camarades socialistes du Conseil supérieur.

M. Adrien Veber. — J'ai eu des conversations autant que vous et laissez-moi vous dire la phrase textuelle de M. Peirotes : « C'est pour cela que le Conseil supérieur, — s'il est nécessaire de le maintenir, — ne devra pas être composé de membres nommés par le Gouvernement. »

M. Peirotes demande donc que, s'il y a un Conseil supérieur, il soit composé d'élus. Il est donc d'accord pour la disparition du Conseil supérieur actuel et il réserve à la prochaine législature le soin de discuter le surplus, et encore s'il y a lieu.

M. LE COMMISSAIRE DU GOUVERNEMENT. — Je dis simplement, — et je ne croyais pas soulever par là de si vives protestations, — que, sur la composition même du Conseil supérieur, je suis d'accord pour que, le jour où on le pourra, il soit recruté par l'élection.

Mais, dit M. Veber, il ne s'agit pas de le recruter par l'élection : il s'agit de le supprimer purement et simplement.

M. ADRIEN VEBER. — Parfaitement !

M. LE COMMISSAIRE DU GOUVERNEMENT. — Sur ce point, une simple observation. Tant que le régime actuel subsistera, tant que ce régime transitoire vivra, je considère comme de première importance pour l'Alsace et la Lorraine que le Commissaire général de la République ait, à côté de lui, pour l'éclairer sur les questions régionales ou locales qu'il est tous les jours appelé à résoudre, un Conseil, élu dès qu'il pourra l'être, susceptible de lui donner des avis éclairés sur ces questions locales ou régionales.

M. Adrien Veber. — Vous avez besoin d'un conseil d'études, pas autre chose.

M. le Commissaire du Gouvernement. — Nous ne sommes pas du même avis, je le regrette, mais permettez-moi d'exprimer le mien.

Je m'étonne vraiment qu'on se plaigne que le pouvoir exécutif tienne à s'entourer d'avis et de conseils avant de prendre des décisions. (*Très bien! Très bien!*)

Je répète que la suppression du Conseil supérieur, quel que soit le mode du choix de ses membres, enlèverait une garantie à la bonne administration de l'Alsace et de la Lorraine. Je n'en vois pas l'avantage, mais j'en aperçois très bien les inconvénients.

M. Adrien Veber. — Il justifie sa propre suppression.

M. le Commissaire du Gouvernement. — Je n'insiste pas sur ce point secondaire, et, le régime transitoire étant reconnu par tous, jusqu'à présent, indispensable, j'en viens à la conséquence contre laquelle s'est élevé notamment, avec sa verve et son talent habituels, M. Ernest Lafont. Il vous a dit :

« Très bien! Le régime transitoire, le maintien d'un Commissaire général de la République, c'est peut-être utile, c'est peut-être nécessaire, mais n'allez pas jusqu'à permettre que le régime des décrets, — même soumis à la ratification du Parlement, — puisse se substituer à celui des lois. »

Votre point de départ, ne l'oubliez pas, est le maintien en Alsace et en Lorraine de la législation locale.

Or, depuis six mois que je suis à Strasbourg, il ne s'est pas passé une semaine au cours de laquelle n'ait surgi devant moi la nécessité, soit d'introduire telle partie de la législation française, soit d'apporter telle modification à la législation locale pour la mettre en harmonie avec les dispositions déjà introduites de la législation française ou pour lui permettre simplement de fonctionner après la disparition de certains organismes que le départ des Allemands avait naturellement fait ' 'anouir.

Croyez-vous qu'il en sera aut: :nent demain? Pendant les quelques mois où fatalement le Parlement ne pourra pas travailler d'une façon active, que vont devenir l'Alsace et la Lorraine au point de vue de la gestion de leurs intérêts? On préparera des projets de loi qui seront soumis, une fois le Parlement rassemblé, aux deux Chambres. Je me garderai des prédictions.

Je ne crois pas pourtant m'avancer beaucoup en pensant que le nouveau Parlement se trouvera en présence d'une tâche considérable et que la table des matières de ses travaux sera copieuse.

Que demanderez-vous à ce Parlement? D'examiner et de voter toutes les modifications, même les moins importantes à la législation locale d'Alsace et de Lorraine dont la bonne marche des affaires aura révélé la nécessité?

Ce serait l'obstruction organisée! (*Très bien! Très bien!*)

On vous disait tout à l'heure — et non sans raison — que l'Alsace et la Lorraine trouvent souvent que l'Administration française ne va pas assez vite.

Qu'allez-vous faire pour leur donner satisfaction?

Vous allez compliquer d'une façon considérable le mécanisme actuel. Il est vrai que ce n'est plus à l'Administration que l'Alsace et la Lorraine auront à s'en prendre, mais au Parlement. Croyez-vous que ce soit un progrès?

Il n'y a, j'ai à peine besoin de le dire, aucune arrière-pensée, — on n'en a pas cherché, d'ailleurs, — dans le projet qui vous est soumis. Nous avons collaboré avec l'honorable rapporteur de la Commission de l'administration générale, que je ne saurais trop remercier de la

conscience et du soin avec lesquels il a examiné
un problème entre tous délicat. Nous sommes
arrivés d'accord à des solutions que je crois
pratiques, qui peuvent assurément, du point de
vue théorique, être critiquées, mais que je ne
vois pas, quant à moi, la possibilité de remplacer
par d'autres, étant donnée — c'est sur ce point
que je supplie la Chambre de porter toute son
attention — la situation particulière née de la
nature des choses, où se trouvent l'Alsace et la
Lorraine. (*Très bien! Très bien!*)

Il faut je ne sais combien de temps pour introduire peu à peu notre législation dans la législation locale. Je fais étudier l'introduction du
Code civil, du Code de commerce, du Code pénal;
mais je ne me dissimule pas les difficultés de la
tâche.

Je sais très bien que les projets de loi qui
seront soumis sur ce point au nouveau Parlement seront délicats et touffus. Mais, d'ici là, il
y a des décisions de tous les jours à prendre.
(*Très bien! Très bien!*)

M. LE LIEUTENANT-COLONEL MAURICE BINDER. —
Assurément, c'est de bon sens.

M. LE COMMISSAIRE DU GOUVERNEMENT. — En
voulez-vous un exemple?

La juridiction administrative a disparu avec
le régime allemand. Il faut la réorganiser.
Pourquoi ne l'avons-nous pas fait encore? Parce
que, dans la réorganisation de la juridiction
administrative, il faut faire place à un tribunal
d'appel qui ne peut être que le Conseil d'Etat.

Cette juridiction administrative est importante et urgente, notamment pour les matières
électorales.

Est-ce que, par hasard, on décidera, repoussant
l: . propositions de la Commission de l'administration générale, que la juridiction administrative sera réorganisée en Alsace-Lorraine par
un projet de loi? Quand sera-t-il voté?

Eh bien, que demandons-nous? Qu'un décret
puisse être rendu, qui sera soumis à la ratification de la Chambre et qui donnera tout de
suite satisfaction à des besoins administratifs
urgents, inévitables de l'Alsace et de la Lorraine. (*Très bien! Très bien!*)

M. l'Amiral Bienaimé. — C'est très sage.

M. le Commissaire du Gouvernement. — Messieurs, je vous prie de m'excuser si je suis entré
dans trop de détails (*Parlez! Parlez!*) et si j'ai
abusé de votre attention.

M. Duclaux-Monteil. — Pas du tout. Vous parlez en homme pratique.

M. Ernest Lafont. — Alors, monsieur Millerand, va-t-on organiser des conseils de préfecture en Alsace-Lorraine?

M. le Commissaire du Gouvernement. — Non, on instituera — du moins, c'est ce que propose le projet — un Conseil régional qui aura à connaître des difficultés administratives; l'appel des sentences de ce conseil sera porté devant le Conseil d'État.

M. Adrien Veber. — Conseil supérieur! Conseil d'État! Autonomie de l'Alsace-Lorraine! Nous y voilà!

M. Ernest Lafont. — Cela vous est interdit formellement par le projet de M. Bonnevay. Il spécifie qu'il ne reconnaît au Commissaire général, ou plutôt à M. le Président du Conseil, sur votre rapport, le droit d'agir par décret que pour introduire des lois françaises.

M. le Commissaire du Gouvernement. — Permettez-moi de vous rappeler un autre article

non moins nécessaire du projet qui vous est
soumis. C'est celui qui permet au Gouvernement
d'adapter la législation locale aux nécessités
urgentes en vue de l'harmoniser avec la législation française.

M. Jean Bon. — Ce n'est pas la peine alors
de faire des lois !

M. le lieutenant-colonel Maurice Binder. —
M. Millerand est plus qualifié que vous pour
juger de la situation.

M. le Commissaire du Gouvernement. — Je
vous assure que je ne me place en ce moment
qu'à l'unique point de vue de l'intérêt d'une
bonne administration d'Alsace et de Lorraine.
(*Très bien! Très bien! Très bien!*)

M. Jean Bon. — Vous êtes le seul à l'appeler
ainsi ! Allez donc voir comment les choses se
passent en Alsace-Lorraine !

M. le lieutenant-colonel Maurice Binder. —
Et vous, comment l'appelez-vous ?

M. le lieutenant-colonel Vandame. — M. le

Commissaire exprime son sentiment. Il est bon juge.

M. Duclaux-Monteil. — Et il y a ici un Alsacien qui l'approuve. C'est M. Lazare Weiller.

M. Lazare Weiller. — Je l'ai dit.

M. le Commissaire du Gouvernement. — M. Jean Bon se trompe. Quand je parle d'une bonne administration de l'Alsace et de la Lorraine, monsieur Bon, ce n'est pas de la mienne que je parle. Je parle des conditions que doit remplir l'Administration en Alsace et en Lorraine pour être une bonne administration (*Très bien! Très bien!*)

Eh bien! pour que cette administration réponde aux vœux et aux besoins de l'Alsace et de la Lorraine, il faut, avant tout, qu'elle puisse arriver rapidement aux solutions nécessaires. (*Très bien! Très bien!*)

Voilà pourquoi je vous supplie, vous plaçant à ce point de vue, d'adopter les solutions qui vous sont présentées par votre Commission d'administration générale.

Dans son beau discours, M. Lazare Weiller a

fait allusion à un certain trouble qui pouvait exister dans les esprits.

Comment en serait-il autrement?

Quarante-quatre ans dans la vie d'un peuple constituent une période qui n'est pas négligeable. Pendant quarante-quatre ans, par la force, par la compression, quelquefois par les promesses et par la flatterie, l'Allemagne a essayé de s'imposer aux esprits et aux consciences.

Pour y résister, il a fallu que les populations se repliassent sur elles-mêmes; qu'elles fussent plus que jamais et exclusivement alsaciennes et lorraines. Comment dès lors s'étonner si, le jour où ce régime disparaît et où les chaînes tombent, les populations de l'Alsace et de la Lorraine ont besoin de quelque temps pour rentrer dans les cadres de la nouvelle patrie et si, malgré elles, elles ressentent quelque hésitation en face d'institutions nouvelles qu'elles connaissent mal encore? (*Très bien! Très bien!*) Comment pourrions-nous leur en vouloir d'un particularisme qui leur a permis de se conserver à nous (*Applaudissements.*)

L'Alsace et la Lorraine sont passionnément françaises, mais elles sont en même temps passionnément alsacienne et lorraine. Je vous en prie, en touchant ces matières, soyez prudents,

soyez attentifs, redoutez d'aller trop vite!
Écoutez, j'ose vous en prier, la parole d'un
témoin qui n'a qu'une ambition : servir du
mieux qu'il peut les intérêts de l'Alsace, de la
Lorraine et de la France. (*Vifs applaudissements.*)

Messieurs,

J'éprouve une grande joie à apporter à votre glorieux passé l'hommage du Gouvernement de la République dans ce cadre pittoresque et significatif de Phalsbourg.

Votre ville, je l'avais vue, j'en avais parcouru les places et les rues avant même que d'y avoir pénétré.

Toute ma génération a été bercée, dans sa jeunesse, par les récits où votre concitoyen Erckmann et son ami Chatrian ont évoqué et fait vivre, sous nos yeux, l'Alsace et la Lorraine.

Que de fois nous les avons relus! Leurs paysages nous étaient devenus familiers; nous avions coudoyé leurs personnages!

Notre amour pour votre beau pays, son histoire et ses légendes, s'était nourri et exalté de ces lectures.

Phalsbourg tenait, parmi ces tableaux de la vie alsacienne et lorraine, la place de choix que lui avait réservée la prédilection filiale de votre compatriote. Il avait compris et reproduit avec une saisissante fidélité sa physionomie si caractéristique.

Aussi bien jamais apparences extérieures ne révélèrent mieux le fond de l'âme. En passant sous la Porte de France, le voyageur se sent instantanément saisi et pénétré par cette atmosphère où ont poussé et grandi les braves dont Phalsbourg fut de tout temps la pépinière.

C'est ici que les généraux dont tout à l'heure on rappelait les noms ont senti s'éveiller leur vocation et ont vécu leurs premiers rêves.

Tout leur y fut matière à méditer sur la guerre, ses grandeurs et ses hasards : et les pierres mêmes de la cité, témoins des assauts qu'elle avait repoussés, et la mémoire des héros qui l'avaient défendue ou qui l'avaient quittée pour aller sur les champs de bataille conquérir la renommée à la pointe de leur épée.

En accrochant, il y a quelques semaines, à l'écusson de votre ville, la croix de la Légion d'Honneur, le Président de la République a consacré l'héroïsme de Phalsbourg et de ses enfants.

Le monument, si noble en sa simplicité, du bel artiste Charles Perron que vous inaugurez aujourd'hui, commémorera le souvenir des trois sièges de Phalsbourg et de vos concitoyens morts pour la France au cours de la guerre libératrice de 1914-1918.

Il est le symbole éloquent et précis de votre indispensable union à la France.

Pour la défendre d'abord, pour la rejoindre ensuite, après que la violence les en avait arrachés, Phalsbourg et ses enfants se sont dévoués jusqu'à la mort !

Tant de sacrifices n'auront pas été vains ; Phalsbourg, avec la Lorraine et l'Alsace, est revenue, pour jamais, au giron de la mère patrie !

Pendant quarante-huit ans la force a étouffé sur vos lèvres le cri de protestation et d'appel qui en voulait jaillir et comme il vous était interdit de clamer « La Lorraine à la France ! » vous avez, du moins, opiniâtrement réclamé : « La Lorraine aux Lorrains ! L'Alsace aux Alsaciens ! »

C'en est fini pour toujours, grâce à la victoire, de ces formules étroites et égoïstes qui
furent, un jour, la traduction heureuse et
nécessaire de votre résistance à l'Allemagne.

Vous voici rentrés dans la grande unité française. Lorrains et Alsaciens, vous y avez rejoint
Provençaux, Bretons, Picards, Francs-Comtois,
gens du Nord et du Midi, de l'Est et de l'Ouest,
dont les caractères variés se sont mêlés sans se
confondre pour former le Français du xxᵉ siècle.

Redevenus Français, vous ne cessez pas de
demeurer Lorrains.

En adoptant hier le projet de loi sur le régime
transitoire de l'Alsace et de la Lorraine que
demain votera le Sénat, la Chambre des Députés
vous a donné un témoignage éclatant de la lar-
geur d'esprit et de la générosité de cœur avec
lesquelles le Parlement, interprète fidèle de la
pensée et du sentiment français, vous accueille
au foyer de la Patrie.

Loin de songer à étouffer, sous une unifor-
mité stérilisante, les particularités de votre vie
régionale, il entend, au contraire, en facilitant
la transition indispensable entre l'ancien régime
et le nouveau, enrichir le patrimoine national
des acquisitions dont un examen attentif et
impartial lui aura démontré l'utilité.

Fière de son glorieux passé, sûre de la sollitude compréhensive avec laquelle la France se penche sur ses-besoins et sur ses vœux pour donner satisfaction aux unes et pour réaliser les autres, Phalsbourg, comme ses sœurs de Lorraine et d'Alsace, reprend, sans inquiétude et sans trouble, le cours, un demi-siècle interrompu, de ses destinées françaises.

Etroitement unie aux autres régions de notre grande et belle patrie, la Lorraine communie avec elles dans le culte fervent de l'Idéal dont la France fut, à travers les âges, et demeure le premier soldat.

Vive Phalsbourg !
Vive la Lorraine!
Vive la France une et indivisible !

DISCOURS
AU PRÉSIDENT GEORGES CLEMENCEAU

(4 novembre 1919).

Monsieur le Président,

Je vous remercie d'avoir voulu choisir la terre
d'Alsace pour adresser à la France les paroles
qu'elle attend de vous.

En déclarant la guerre au monde, l'Allemagne avait fait de l'Alsace-Lorraine l'enjeu et
le prix de la lutte.

Le drapeau qui flotte sur la flèche de notre
cathédrale réalise l'espoir sublime qu'il y a
quarante-huit ans, à Bordeaux, vous affirmiez
avec une confiance invincible dans le relèvement de la France, au moment même où elle
semblait toucher le fond de l'abîme.

Votre rêve est accompli !

Où le réalise-t-on plus complètement qu'ici?
Où, mieux qu'ici, auriez-vous pu faire entendre
les leçons de la Victoire?

Aucun de ceux qui en furent les artisans ne
songera à me démentir, quand je salue en vous
son principal auteur.

En frappant à la tête le défaitisme, en couvrant de votre confiance aux heures critiques le
haut commandement, vous avez permis à la
France et à ses alliés de tenir jusqu'au jour où,
grâce à l'héroïsme de leurs soldats et au génie
de leurs chefs, les destins se sont retournés.

Un an durant, vous avez « fait la guerre »!
Vous l'aviez faite toute votre vie.

Votre fortune et celle de la France ont voulu
qu'à l'instant décisif vous fussiez appelé à
déployer vos qualités merveilleuses de combativité, d'énergie et de ténacité contre l'ennemi
de notre patrie et du monde.

La reconnaissance publique vous fait cortège.
Nulle part, soyez-en sûr, elle n'est plus vibrante
et plus émue que dans ce pays par vous libéré.

Toute l'Alsace, toute la Lorraine eussent
souhaité qu'il leur fût permis d'être présentes
pour vous crier leur admiration et leur gratitude.

C'est pour moi, qu'à mes débuts vous avez
accueilli auprès de vous avec tant de bienveil-

lance, une joie profonde et une vraie fierté que d'avoir aujourd'hui, grâce à vous, le privilège d'être leur interprète.

Au nom de l'Alsace et de la Lorraine, M. le Président, soyez le bienvenu à Strasbourg!

DISCOURS
AU BANQUET D'INAUGURATION DE L'UNIVERSITÉ DE STRASBOURG

(22 novembre 1919)

Monsieur le Président de la République.
Messieurs,

L'Alsace et la Lorraine vous sont profondément reconnaissantes d'avoir, par votre présence, imprimé un tel éclat aux fêtes de l'Université de Strasbourg.

Elles sont particulièrement fières du concours de tant d'illustres représentants des Universités étrangères.

En se rendant à notre invitation, ils ont entendu marquer leur sympathie, en même temps qu'à la France, à la cité vénérable qui se réjouit de leur faire accueil. Qu'ils en soient remerciés !

Strasbourg renoue aujourd'hui la chaîne des traditions et des cours de l'Université française. Interrompus en 1870, au lendemain du bombardement où disparurent pour jamais dans la flamme des incendies allumés par les obus allemands, tant de richesses irremplaçables, ils étaient réouverts peu de semaines après le 22 novembre 1918, après le jour où, sous un ouragan d'enthousiasme, nos troupes avaient fait, dans cette ville, leur triomphale entrée derrière le général Gouraud.

En choisissant cet anniversaire pour la reprise solennelle de ses travaux, l'Université de Strasbourg n'a pas entendu seulement manifester sa reconnaissance aux artisans de sa libération, dont je salue dans les trois maréchaux de France les représentants glorieux.

Elle a voulu, dans ce pays que le militarisme prussien a, pendant quarante-huit ans, opprimé, à quelques lieues de Saverne, signifier la nécessité de l'accord entre les hommes de pensée dont l'existence est consacrée au culte de la vérité et les hommes d'action qui ont voué leur vie à la défense de la Patrie !

Union salutaire qui n'accepte la force que

comme le soldat du droit et qui vivifie l'étude des abstractions par le contact avec les réalités.

La cité, dont les statues de Gutenberg et de Kléber ornent les deux principales places, n'était-elle pas toute désignée pour faire entendre cette leçon?

Enserrée par le ruban de ses eaux mouvantes; affairée et laborieuse dans le pittoresque décor de ses rues capricieuses et de ses vieilles maisons; blottie à l'ombre de sa cathédrale, poème de pierres dont s'enchante l'incrédule comme le croyant parce qu'il est l'exaltation permanente du Travail, de l'Art et de l'Idéal, Strasbourg convie le monde à venir s'asseoir sur les bancs de son Université.

Le génie alsacien a été, depuis longtemps, conquis par le génie français.

En vain des savants qui auraient, s'il eût dépendu d'eux, déshonoré la Science, l'abaissant à servir les desseins de la violence, se sont-ils évertués à démontrer qu'Alsace et germanisme étaient synonymes.

Le libre esprit de l'Alsace comme de la Lorraine a violemment réagi.

Me sera-t-il permis, en cette fête universitaire, de saluer un homme que nos étudiants s'honorent de tenir pour un de leurs amis et de leurs guides, dont vous avez ce matin applaudi

la parole (1), qui fut, sous le régime allemand,
l'âme de la résistance à l'invasion étrangère par
son obstinée persistance à rappeler sous toutes
les formes l'influence et l'esprit français, l'incarnation vivante de l'Alsace pour les Français et
de la France pour les Alsaciens : le Dr Pierre
Bucher.

A son exemple, les jeunes Alsaciens et Lorrains sauront allier au culte de la petite patrie
la religion de la grande.

Voici que des camarades leur arrivent de
toutes les parties de la France et de nombreux
pays étrangers.

En même temps que des leçons de leurs
maîtres, ils seront, même à leur insu, pénétrés
de l'enseignement spontané et fécond que comporte la vie en commun.

Je les connais trop pour douter qu'ils sachent
conserver leur individualité tout en l'enrichis-
sant des apports qui leur viendront de l'extérieur.

De grands devoirs les attendent. Dans ce
monde remué jusque dans ses fondements par
une convulsion qui, en déplaçant les frontières,
n'a pas respecté les situations sociales, des obligations s'imposent à eux, d'autant plus lourdes

1. Voir ce discours du Dr Pierre Bucher, p. 235.

et d'autant plus strictes qu'ils sont des privilégiés de l'esprit.

Les maîtres renommés, dont votre Université se félicite d'avoir groupé les noms sur la liste de ses Facultés, seront pour notre jeunesse les chefs éclairés et fermes qui s'attacheront à former les caractères autant qu'à développer les talents.

Une période nouvelle s'ouvre pour cette grande et noble maison, citadelle avancée sur le Rhin des doctrines de civilisation et de liberté que l'héroïsme des soldats de l'Entente et le génie de leurs chefs ont sauvées du désastre où elles étaient menacées de sombrer.

Je lève mon verre à M. le Président de la République, à nos hôtes, à l'Université de Strasbourg, à ses maîtres, à ses élèves, à l'entente chaque jour plus étroite des alliés de la Grande Guerre dans les travaux de la Paix!

Messieurs,

Je veux simplement, en vous remerciant de vous être rendus à notre invitation, saluer, en cette réunion amicale, la volonté de l'Alsace et de la Lorraine attestée sur vos noms.

Ce n'est plus par métaphore qu'il est permis aujourd'hui de dire que le plébiscite est fait.

Librement consulté, au scrutin secret, le peuple d'Alsace et de Lorraine a signifié, avec une énergie et une clarté qui défient l'équivoque, la fidélité de son attachement à la France.

L'Allemagne triomphante, installée dès la fin d'août 1870 dans la majeure partie de l'Alsace-

Lorraine, n'avait pas osé lui donner la parole ni lui permettre de choisir ses représentants avant le 1er février 1874.

Pour avoir été reculée, la manifestation n'en fut que plus éclatante : seuls furent élus les candidats protestataires.

Moins de douze mois après la rentrée sur votre sol des troupes françaises, dès que la fin de la démobilisation permit d'appeler la France aux urnes, la parole était rendue à l'Alsace et à la Lorraine.

Elles ont parlé. Votre élection triomphale, dans les trois départements, sur les trois listes du Bloc National, a été, à quarante-cinq ans de distance, la réplique du premier vote jailli des consciences alsaciennes et lorraines sous la domination allemande.

Le cycle douloureux qui s'était ouvert le 1er mars 1871 par la protestation de Bordeaux s'est clos définitivement le 16 novembre 1919 par l'affirmation solennelle de la volonté immuable des deux provinces.

1er mars 1871, 1er février 1874, 16 novembre 1919 : trois dates, une seule et invariable volonté !

La démonstration est faite.

Je lève mon verre à l'Alsace et à la Lorraine fidèles, à leurs députés !

Messieurs,

Lorsque vous avez tenu votre dernière réunion, la Chambre des députés venait d'adopter la loi sur le régime transitoire de l'Alsace et de la Lorraine. Vous vous réunissez aujourd'hui au moment où viennent d'avoir lieu les élections à la Chambre, aux Conseils municipaux et aux Conseils généraux.

L'Alsace et la Lorraine sont entrées dans le cours de leur vie normale et leur organisation se poursuit dans les conditions les plus régulières. Aux termes du paragraphe 3 de l'article 1er de la loi du 17 octobre sur le régime transitoire, l'expiration des pouvoirs du Conseil supérieur d'Alsace et de Lorraine se trouve fixée, par suite de la réunion de la Chambre le 8 décembre, au 8 mars 1920.

Au cours de la discussion du projet sur le régime transitoire, j'ai eu l'occasion d'indiquer devant la Chambre quelles devaient être, à mon sens, les destinées futures de cette assemblée. Après avoir témoigné des services éminents qu'elle a rendus depuis son institution, j'ai émis l'avis qu'il ne pouvait être question de sa disparition complète. J'ai souvent eu l'occasion de dire, d'accord avec vous, je crois, que sur plus d'un point l'Alsace et la Lorraine seraient pour les autres parties de la France un modèle dont il y aurait tout intérêt à s'inspirer. Sans doute, à l'heure où les représentants de l'Alsace et de la Lorraine à la Chambre ont été élus et à la veille des élections au Sénat, il ne peut être question de Conseil supérieur, mais il me semble qu'il y aurait tout intérêt à ce qu'on envisageât la constitution d'un Conseil régional.

S'il faut, en songeant à cette institution, s'inspirer avant tout des intérêts de l'Alsace et de la Lorraine, il faut penser aussi au développement nécessaire des autres régions de la France. Qui trouvera mauvais qu'en légiférant pour l'Alsace et la Lorraine, le Parlement français, à qui il appartiendra de décider, songe aux autres parties du pays qui pourront s'inspirer de l'exemple de l'Alsace et de la Lorraine? Il me paraît donc qu'en même temps qu'il nous faut penser à la disparition du Conseil supérieur, puisqu'elle est décidée par la loi et qu'il ne doit plus avoir qu'une session au mois de février, il y a lieu de songer à l'institution d'un Conseil régional.

Il ne peut s'agir de donner à ce Conseil régional des attributions politiques, — ce sont les représentants de la nation dans les assemblées législatives, qui seuls, ont qualité pour traiter ces questions, — ni non plus de lui soumettre des questions intéressant un seul département, puisque les Conseils généraux son* précisément institués pour les étudier et les régler. Mais, surtout dans ce pays, avec le régime particulier qui est le nôtre, il apparaît avec la clarté de l'évidence qu'il existe des intérêts communs aux trois départements, qui sont à proprement parler, les intérêts régionaux. Il me semble que, pour les étudier et les régler, il est indispensable que l'Administration et le Gouvernement puissent avoir le concours et les conseils de représentants élus. Mais de même que les attributions du Conseil régional ne sauraient être celles du Conseil supérieur, ses origines ne sauraient être non plus les mêmes : le Conseil régional se composerait de membres élus. Je crois que les conseils généraux, les chambres de commerce, les associations ouvrières, les syndicats agricoles, la Chambre de Métiers, l'Université, seraient tout indiqués pour nommer leurs représentants, lesquels constitueraient par leur réunion le Conseil régional.

Je verrais aussi avec plaisir subsister un élément qui fait partie du Conseil supérieur. Je pense que nos collègues alsaciens et lorrains ne me démentiront pas, lorsque je dirai que nous avons éprouvé la valeur de cette catégorie des membres du Conseil. Je veux parler de membres qui n'appartiendraient pas à la région, qui seraient non pas élus par des corps régionaux, mais nommés par décret, et choisis — en très petit nombre bien entendu — parmi les hommes que désignent leur compétence spéciale, leurs études antérieures; leur présence aurait le grand avantage de faire pénétrer dans le Conseil régional une atmosphère un peu différente de celle qui, sans eux, risquerait d'y régner exclusivement; ils y apporteraient des préoccupations du dehors si je puis dire, ils seraient un trait d'union tout indiqué entre la grande majorité du Conseil régional, composée d'élus nommés par la région, et les autres parties de la France.

Je m'excuse, Messieurs, de vous avoir ainsi fait part d'idées qui sont toutes personnelles, puisqu'elles ne pourront prendre corps que si le Gouvernement leur donne son adhésion sous la forme d'un projet de loi; mais je ne veux pas vous dissimuler pourquoi je l'ai fait. Il me semble qu'il est tout à fait utile que des idées de ce genre n'apparaissent pas subitement comme le produit d'une conception personnelle. En vous en entretenant, j'ai entendu faire, de nouveau, appel à votre collaboration. Je m'en suis si bien trouvé jusqu'à présent, que vous me pardonnerez d'y avoir eu recours une fois de plus.

Je livre ces idées à votre examen, je sollicite vos objections et vos suggestions. Je serais très heureux si, au cours des conversations que nous aurons pendant et après cette session, vous vouliez bien me communiquer vos observations et faire profiter une fois de plus l'Alsace et la Lorraine de votre expérience.

Monseigneur,

J'ai l'honneur de vous présenter les étudiants de Strasbourg.

Si jeunes qu'ils soient, tous ils ont connu les tristesses et les angoisses de la domination étrangère.

Ils furent au premier rang des protestataires qui, fidèles à leur vraie patrie, saisirent toutes les occasions d'affirmer leur attachement à la France.

Dans cette lutte quotidienne, ils ne montrèrent pas moins d'ingéniosité que d'obstination. Tout leur fut prétexte à narguer des maîtres détestés et à manifester, sous les formes les plus variées et parfois les plus imprévues, leurs sentiments intimes. Ni les menaces, ni les promesses n'eurent sur eux de prise. Pour tout dire d'un mot, les fils se sont montrés dignes des pères.

Les vertus qu'ils ont déployées dans la résistance à l'oppression, qui, mieux que vous, Monseigneur, est capable de les apprécier? Ce sont celles qui, à travers les siècles, ont permis à votre héroïque nation de maintenir intacte, au milieu des plus cruelles épreuves, son indomptable personnalité.

La communauté des souffrances qui ont, dans des circonstances et sous des cieux différents, accablé Serbes, Croates, Slovènes comme Alsaciens et Lorrains, a fait naître entre les deux races une instinctive et spontanée sympathie.

Aussi, Monseigneur, le jour prochain où, comme j'ose en exprimer l'espoir, l'Université de Strasbourg verra pénétrer en nombre dans ses salles de vos jeunes compatriotes, je ne m'avance pas trop en assurant Votre Altesse qu'ils seront reçus par les étudiants alsaciens et lorrains mieux que comme des camarades, comme des frères!

La France, dans l'unité de laquelle sont rentrées pour jamais l'Alsace et la Lorraine, se sentait, bien avant la guerre, entraînée vers la

Serbie par l'irrésistible attrait qu'ont toujours exercé sur des âmes françaises le courage et le malheur.

Le sang versé en commun, les sacrifices consentis à la même cause, le spectacle merveilleux de l'héroïsme et de l'endurance de votre peuple sur les champs de bataille où, pendant six années, vous l'avez guidé, ont rendu indestructibles les liens qui nous unissent.

C'est pour moi un grand honneur et une joie profonde que d'en porter aujourd'hui témoignage dans Strasbourg redevenu français et devant Votre Altesse Royale.

(25 janvier 1920)

Mon cher Maire,

En me retrouvant aujourd'hui dans cet Hôtel
de Ville où je suis venu si souvent pendant ces
dix mois, ma pensée évoque d'abord tant de
journées de joie et de fête qui ont marqué,
comme autant de pierres blanches, le séjour que
j'ai fait à Strasbourg.

La promotion de la Libération d'abord, dont
vous étiez, mon cher Maire, où j'ai eu l'honneur
et la joie de récompenser au nom du Gouvernement de la République française les premiers de
ceux qui avaient, tant d'années, maintenu ici
l'esprit et l'influence de la France.

Ensuite c'est le 14 juillet, — ce premier 14 juillet que j'ai célébré en Alsace, où je revois encore place Kléber ces farandoles d'Alsaciennes, emportées par un mouvement de joie patriotique, offrant à tous ceux qui étaient là un spectacle inoubliable.

Puis c'est le voyage de M. le Président de la République, apportant à la ville de Strasbourg la croix de la Légion d'honneur qu'elle a si bien gagnée, non seulement par sa résistance au bombardement de 1870, mais par sa tenue pendant quarante-huit ans sous le régime allemand.

Et le 4 novembre, le jour où le grand vieillard dont vous parliez tout à l'heure venait ici, vous l'accueilliez avec ces paroles si patriotiques, qui sont restées dans la mémoire et le cœur de tous ceux qui les ont entendues!

Et le 22 novembre, cette fête inaugurale de l'Université de Strasbourg où, dans un décor prestigieux, a ressuscité plus grande et plus belle que jamais l'Université française de Strasbourg!

Enfin, la réception ici même d'un de nos alliés, du Prince Régent de Serbie, venant confronter avec l'esprit et les malheurs de l'Alsace et de la Lorraine, l'esprit et les malheurs de la glorieuse nation serbe libérée, comme l'Alsace et la Lorraine elles-mêmes, par le dévouement et les sacrifices de nos poilus.

A ces souvenirs se mêle tout naturellement celui des travaux que nous avons accomplis ensemble, où à chaque pas j'ai trouvé votre concours et celui de vos collègues de la Municipalité.

Strasbourg, comme tous ceux qui viennent en cette ville, m'avait conquis dès la première heure et ce fut pour moi une joie sans égale de me donner tout entier à son développement et de servir de toutes mes forces ses intérêts. Nous ne sommes qu'au début de cette œuvre; je crois pouvoir dire qu'elle est bien commencée.

Votre port, sur l'initiative qui a été prise à notre demande par la Conférence de la Paix, sous l'impulsion qui lui sera donnée par son directeur que vous avez déjà pu juger, avec le concours de vos collègues de la Municipalité, de la Chambre de commerce, de tous ceux qui ici ont à cœur la gloire et la prospérité de Strasbourg, est appelé à prendre très rapidement une importance incomparable.

En même temps que sa prospérité matérielle, Strasbourg va voir s'accroître, si j'ose ainsi parler, sa situation et sa grandeur morales.

Son Université, dont je rappelais tout à l'heure l'inauguration splendide, on l'a appelée avec

raison la citadelle de la France sur le Rhin.
Vous êtes à la première place pour défendre la
patrie française. Si, comme je l'espère bien, ce
n'est plus par les armes que vous avez à la
défendre, vous aurez à lutter pour elle chaque
jour et à chaque heure en répandant l'esprit
français, en étendant, par votre action, le champ
de l'influence française.

Ainsi, le rôle de Strasbourg est de premier
ordre pour les destinées de la France. Strasbourg est en bonnes mains. Je sais, pour l'avoir
apprécié par moi-même, que vous n'êtes animés,
vos collègues et vous, que d'un souci : celui du
bien public. C'est pour Strasbourg, c'est pour
l'Alsace et la Lorraine, c'est pour la France que
vous travaillez de toute votre âme.

Mais vous n'ignorez pas qu'en Alsace comme
dans le reste de la France, il est une première
condition faute de laquelle on ne saurait obtenir
les résultats que nous souhaitons : c'est la con-
corde et l'union de tous les citoyens. Vous savez
avec quelle sollicitude je me penche sur les problèmes du travail. Il n'en est pas, à mon avis,
de plus dignes de préoccuper un homme politique. Leur solution, comme celle des problèmes
économiques, est intimement liée à la fortune
de la patrie. Tout dépend d'abord de l'accord
entre tous ses enfants. Après avoir imposé la

paix à nos ennemis, il faut avoir la sagesse et
le courage de la faire régner entre nous. Nous
sommes une démocratie où l'opinion est maî-
tresse. C'est à l'opinion que nous devons faire
appel, c'est en l'élevant, dans le haut sens du
mot, que nous pouvons obtenir qu'elle com-
prenne et réalise les conditions nécessaires à la
grandeur et à la prospérité de la France.

Je vais assumer de lourdes responsabilités; à
aucun moment, je n'oublierai les dix mois que
j'ai passés en Alsace, les enseignements que j'y
ai recueillis. Ce n'est pas seulement dans sa
législation que j'ai puisé des indications précieuses, dont j'espère bien pour ma part faire
profiter la législation française : c'est dans les
mœurs mêmes des habitants de ce beau pays;
j'y ai connu une race sérieuse, solide, saine,
prompte à la critique, mais sachant accepter
les objections et se plier à la raison. Alsaciens
et Lorrains sont depuis longtemps, et bien avant
que la France ne se fût donné des institutions
républicaines, des républicains de tempérament
et d'instinct. A ce point de vue encore, nous
avons intérêt et profit à venir vous demander
des leçons.

Le concours si cordial que vous m'avez donné,
les sympathies dont, à chaque instant, sous les
formes les plus touchantes, vous m'avez entouré,

les miens et moi, laisse dans mon cœur des souvenirs ineffaçables. Je ne sais, Monsieur le Maire, comment vous remercier, aujourd'hui, de l'offre de ce petit chef-d'œuvre qui me rappellera à chaque instant, s'il en était besoin, l'Alsace et Strasbourg.

Président du Conseil, je reste, par la loi même, le ministre dans les attributions directes duquel sont placées l'Alsace et la Lorraine.

J'aurai donc tous les jours à m'occuper encore des affaires de l'Alsace et de la Lorraine et en particulier de celles de Strasbourg.

Ce sera pour votre ancien Commissaire général, — laissez-moi, Monsieur le Maire, vous en donner l'assurance, à vous et à vos concitoyens, — une grande joie et comme l'accomplissement d'un devoir bien doux de reconnaissance.

ANNEXE

Monsieur le Président,
Messieurs,

Si j'ai l'honneur, aujourd'hui, de prendre la parole devant vous, c'est en ma qualité de Président du cercle des anciens étudiants alsaciens et lorrains.

Les étudiants furent, pendant l'occupation allemande, les plus fidèles gardiens de la tradition française dans les provinces annexées, et leur cercle fut un foyer d'amour pour la France. Ce n'était pas chose facile que de braver le despotisme d'un maître autoritaire comme l'Allemagne, et plus d'un parmi ces jeunes gens paie de son avenir son attachement trop manifeste à l'idée française. Mais chacun d'avance en avait accepté le sacrifice. Il en est bien peu dont leurs camarades aient eu à rougir.

Les générations d'étudiants se sont succédé, des périodes de dure contrainte ont alterné avec d'autres, où le vainqueur s'efforçait de séduire la jeunesse des écoles. Il en a été pour ses frais; jamais leur résistance n'a faibli; en 1914 comme en 1880, leurs réunions retentissaient de discours enflammés, de chansons et de monologues où leur verve s'exerçait sans pitié aux dépens des maîtres du pays. A l'issue de ces réunions, l'on pouvait voir leur long cortège silencieux se diriger vers la place Kléber, défiler tête nue autour de la statue du guerrier symbolique et renouveler ainsi, solennellement, la promesse de fidélité de la jeunesse alsacienne et lorraine à la France. Et quand ensuite ils abordaient les carrières civiles auxquelles les avaient préparés leurs études, ils apportaient, chacun dans sa profession, cette manière de sentir et de penser française qui opposait à la germanisation le plus infranchissable obstacle.

On aurait pu croire que ce lien spirituel qui rattachait à la France les Alsaciens et les Lorrains allait se relâcher au cours des années. Bien au contraire! Plus l'Allemagne, enivrée par sa prospérité, se laissait aller à un brutal matérialisme et s'adonnait au seul culte de la force, plus elle devenait étrangère à l'esprit de l'Alsace.

C'est avec stupeur que les Alsaciens-Lorrains entendaient célébrer « la vocation divine du peuple allemand », chargé de « crucifier l'humanité afin d'en assurer la rédemption ». Ils n'éprouvaient que de l'horreur pour les doctrines impies des théoriciens militaires qui, au mépris de l'humanité, recommandaient la cruauté systématique de la guerre, en vue d'en écourter la durée. Ils voyaient les Allemands se griser de ces dogmes redoutables qui font de l'État l'arbitre de la morale, et ramènent à l'intérêt de l'État la notion même du devoir.

Il nous souvient d'une discussion que nous eûmes, à la veille de la guerre, avec un célèbre romancier allemand : « Sous prétexte de sauver le monde de l'amollissement, lui disions-nous, vous le ferez retourner à la barbarie », et nous lui citions l'admirable mot de Pascal qui définit si bien la spiritualité française : « En toutes choses, il faut faire le propre : le propre de la force, c'est de protéger ! »

Aussitôt l'Allemand éclata :

« Ah ! dit-il, nous en avons assez de cette dialectique fumeuse, propagée par les Français.

Vous aimez les mots sonores comme humain, généreux, chevaleresque. Ils sont pour nous vides de sens! Il faut en finir une bonne fois avec cette sentimentalité anémique. Elle empêche cette forte tension des nerfs, cette fièvre suprême et magnifique, sans lesquelles la nation ne pourra jamais déployer toutes ses énergies. »

Nulle part mieux qu'en Alsace on ne s'est rendu compte de l'effroyable catastrophe qui eût menacé l'humanité si l'Allemagne avait été victorieuse, et il n'est pas un Alsacien-Lorrain qui ne soit conscient de l'immense sacrifice accepté par la France pour sauver la civilisation. Et ne croyez pas que ce sentiment fût particulier à l'élite du pays. Les humbles le partageaient presque à leur insu. Je voudrais vous en fournir le témoignage par deux anecdotes dont la guerre fut l'occasion.

Au sommet du Vieil-Armand, une sentinelle française veillait dans un poste d'écoute. En face, à quelques mètres, elle pouvait apercevoir la fente par où l'épiait la sentinelle allemande.

Soudain, aux pieds du soldat français tombe une boulette de papier. Il la ramasse et, quand il est relevé, il la remet à ses chefs. On y peut lire les mots suivants en langue allemande : « Prenez garde, à cinq heures, violent bombar-

dement. » C'est signé : « Un Alsacien qui aime
la France et qui ne veut pas déserter par égard
pour les siens. » Le colonel est perplexe : piège
ou avertissement? Il se décide à tenir ses
hommes prêts dans les abris et à ne laisser
dehors que quelques guetteurs. A cinq heures,
le bombardement éclate, formidable, et pendant
deux heures bouleverse toutes les tranchées.
Quand la canonnade a cessé, le colonel réunit
ses hommes et leur dit : « Mes amis, aujour-
d'hui un Alsacien inconnu a sauvé la vie à plusieurs centaines de vos camarades; inclinons-
nous avec respect devant ce patriote. »

A Sarreguemines, une Lorraine de grand
cœur avait installé une ambulance, dont s'était
emparée une équipe de santé allemande. Un
jour on amène parmi les blessés un jeune Lorrain sous l'uniforme prussien. Il va être opéré.
Mais voici que sous l'action du chloroforme il
se met à chanter à tue-tête la *Marseillaise*. Le
major allemand, rouge de colère, pose ses instruments et s'écrie : « Il est inadmissible qu'un
soldat allemand chante l'hymne national de nos
ennemis. » Puis, perdant toute mesure, il souf-
flète violemment le blessé étendu. Celui-ci
s'arrête de chanter, puis, brusquement, pousse
un grand cri : « A moi, les zouaves! »

Quelle étrange chose! Voilà deux jeunes soldats, un Alsacien et un Lorrain, des enfants du peuple, et qui ne savent pas grand'chose de la France. Ils subissent un uniforme qu'ils détestent, afin de ne pas exposer leurs parents à d'affreuses représailles. Mais, si l'Allemagne a pu leur imposer le casque et le long martyre de cette guerre, elle n'a pu étouffer en eux l'instinct, et cet instinct, quand il se révèle, est français.

C'est par douzaines que je pourrais vous conter des anecdotes semblables, et l'on ne connaîtra jamais tous les sacrifices anonymes, tous les héroïsmes obscurs que les annexés, durant cette guerre, ont apportés à la France. Ah! je puis vous le dire, l'Alsace-Lorraine s'est terriblement vengée de la longue oppression qu'elle a subie.

L'Allemagne, se croyant sûre de la victoire, a voulu profiter de la guerre pour briser définitivement la résistance du Reichsland. Que n'a-t-elle inventé pour châtier nos malheureuses populations! Avec quel raffinement elle les a tourmentées! Les Alsaciens et les Lorrains n'oublieront pas les traitements qui leur furent infligés, et ils gardent un ressentiment qui ne s'éteindra jamais.

Dans leur détresse, leurs regards se tournaient vers ces sommets vosgiens où nos soldats préparaient la victoire. La France, — ils n'en doutèrent jamais, — viendrait les délivrer. Et quand enfin, après la déroute allemande, nos bataillons descendirent dans la plaine, ils furent accueillis avec une ivresse de joie, telle que jamais peut-être l'histoire n'en a vu de semblable. L'Alsace et la Lorraine se sont jetées dans les bras de la Patrie retrouvée, et la gratitude scella l'amour qui les unissait à la France.

Dans le malaise qui pèse sur le monde, on est tenté quelquefois d'oublier quel effort la France sut accomplir et quelle peine elle éprouve aujourd'hui à reconstruire sa maison. Ne surprend-on pas ici-même des impatiences, dont profitent aussitôt nos ennemis pour semer contre nous la défiance! Mais je l'atteste : les Alsaciens et les Lorrains, fiers d'être Français, ne veulent pas qu'on se méprenne sur le sens de leurs critiques et de leurs doléances. Les immenses difficultés de l'heure présente suffiraient à expliquer leur état d'esprit, qui est celui du monde entier. Mais, à ces causes générales, — pourquoi ne le dirais-je pas, — il s'en ajoute une autre qui nous est particulière. C'est notre vieil esprit d'indépendance; quarante-huit années d'oppression n'ont fait qu'en exaspérer les susceptibilités! Les peuples sont ce que l'histoire les a faits. Deux civilisations oppo-

sées et contradictoires se sont disputé le sol et
l'âme de l'Alsace et de la Lorraine. Dans de
pareils conflits, un autre peuple se fût peut-être
usé et anémié. L'Alsace et la Lorraine en sont
sorties avec une personnalité plus puissante.
En Alsace, d'ailleurs, l'existence proprement
républicaine des villes libres avait, pendant
des siècles, rendu plus ardente encore la pas-
sion de l'indépendance. Disons-le hautement :
si les Alsaciens et les Lorrains purent résister à
la force allemande, ce fut grâce à la force de
leur tempérament! Ces réserves d'énergie, nous
les emploierons désormais au service de notre
chère patrie. Si nous avons mauvaise tête, nous
avons le cœur chaud, et notre cœur bat pour la
France!

Au nom de mes camarades, jeunes et vieux,
je le déclare : nous aimons la France ardem-
ment, et notre plus cher désir, après avoir été
si longtemps et si cruellement séparés d'elle,
est de l'aider à réparer ses ruines, de contribuer
à sa grandeur de toutes nos forces. Notre
suprême honneur est d'être la garde, la garde
française sur le Rhin!

TABLE DES MATIÈRES

INTRODUCTION

DISCOURS

ANNEXE

Paris. — L. MARETHEUX, imprimeur, 1, rue Cassette.

9 782329 195360